Hilke Bunjes

Analyse und Interpretation von Ödön von Horváths „Der ewige Spießer“

Begleittext zur Lektüre

Zitiert wird nach:

Ödön von Horváth
Der ewige Spießer, 6. Auflage 2016
Suhrkamp Taschenbuch Verlag Frankfurt

Independently published

Kontakt:
deutefix@gmail.com

Inhaltsverzeichnis

Kurzbiografie von Ödön von Horváth

Ödön von Horváth, geboren am 9. Dezember 1901 in Fiume (heute: Rijeka, Kroatien), gestorben am 1. Juni 1938 in Paris, war ein Schriftsteller und Dramatiker des 20. Jahrhunderts. Er wuchs in Belgrad, Budapest Pressburg (heute: Bratislava, Slowakei), Wien und München auf. Sein Vater war Diplomat. Über sich selbst schrieb er in einer autobiografischen Notiz, Heimat nicht zu kennen. Er sei eine typisch alt-österreichisch-ungarische Mischung mit magyarischem Namen, ungarischem Pass und deutscher Muttersprache.

Nach dem Abitur 1919 schrieb sich Horváth in München an der Ludwig-Maximilians-Universität ein und belegte Seminare in Psychologie, Literatur, Theater- und Kunstwissenschaft. 1920 begann er zu schreiben. Ab 1923 lebte er als Schriftsteller in Berlin, Salzburg oder in Murnau am Staffelsee bei seinen Eltern.

Horváths Biografie wurde zum einen von der österreichisch-ungarischen Monarchie geprägt und zum anderen durch die Zeit nach dem Ersten Weltkrieg mit all ihren Unwägbarkeiten. Die Frage nach Identität bzw. was der Mensch überhaupt ist, durchzieht sein gesamtes Werk. Sein Talent, die politischen und sozialen Spannungen der 1920er und 1930er literarisch einzufangen, wird bis heute hoch gelobt.

In jener Zeit fühlten sich sehr viele Menschen gedemütigt, gekränkt, fremd und orientierungslos. Nicht wenige fanden Trost in nostalgischer Verklärung der Vergangenheit und träumten von neuer Größe. Die Republik tat sich schwer mit der neuen Demokratie, denn in fast allen Bereichen herrschte weiterhin ein autoritärer Geist. Als Inflation und Arbeitslosigkeit infolge der Wirtschaftskrise die Bevölkerung auch finanziell stark unter Druck setzten, war der Nährboden für den Aufstieg der Nationalsozialisten bereitet. Horváths Werke mit ihren kleingeistigen Figuren liefern eine feinsinnige, teilweise ironisch-bissige Beschreibung des Phänomens, weshalb der Faschismus ab den späten 1920er Jahren für Deutsche immer attraktiver wurde.

Der Durchbruch gelang Horváth mit den 1931 uraufgeführten Bühnenstücken „Italienische Nacht" und „Geschichten aus dem Wiener Wald". Für Letzteres wurde ihm noch vor der Premiere auf Vorschlag von Carl Zuckmayer der hoch angesehene Kleist-Preis zugesprochen. Horváths besonderes Verdienst wird darin gesehen, das als harmlose Unterhaltung bekannte Volksstück neu konzipiert zu haben. Es greift Klischees der „Wiener Gemütlichkeit" auf, um den wahren, das heißt in diesem Fall egoistischen, triebgesteuerten Charakter der Leute aus dem Volk zu entblößen, die sich in ihrer „Dummheit" eine verlogene Scheinwelt zurechtgeschustert haben.

Mit dem Aufstieg des Nationalsozialismus geriet Horváth zunehmend in Konflikt mit den Machthabern. 1933 wurden alle Stücke von ihm verboten. Erst in der Zeit der 68er-Bewegung wurde der fast vergessene Dramatiker Horváth von politisch engagierten Regisseuren und Autoren wiederentdeckt.

Bekannt geworden ist Horváth auch durch seine Romane wie zum Beispiel „Jugend ohne Gott", in dem er eine Generation von Jugendlichen porträtiert, die von der herrschenden Ideologie geformt sind und deren Individualität und Menschlichkeit unterdrückt wird. Der Roman erschien 1937 und wurde 1938 in acht weitere Sprachen übersetzt. Im selben Jahr landete der

Roman, der bei uns an vielen Schulen gelesen wird, auf der „Liste des schädlichen und unerwünschten Schrifttums".

„Der ewige Spießer", erschienen 1930, ist Horváths erster veröffentlichter Roman, der bislang relativ wenig in der Literaturwissenschaft diskutiert wurde. Die Aufnahme dieses Werks in den Lehrplan für die Oberstufe im Land Niedersachsen dürfte an der Aktualität der Thematik liegen. Denn auch in unserer heutigen Gesellschaft verbreitet sich ein Rechtspopulismus, dessen Wortführer:innen ähnlich wie zur damaligen Zeit an den deutschen Nationalstolz appellieren, Ängste – besonders vor Überfremdung – schüren und damit Stimmung gegen unsere demokratische Rechtsordnung machen.

Ödön von Horváth wurde am 1. Juni 1938 in Paris bei einem Gewitter erschlagen. Als er die Champs-Élysées entlangging, traf ihn ein herabstürzender Ast tödlich am Kopf. Gemessen an seiner Lebensdauer von nicht einmal 37 Jahren, hat er ein umfangreiches literarisches Werk hinterlassen, das wegen seiner scharfsinnigen Beobachtung der gesellschaftlichen und politischen Verhältnisse seiner Zeit sowie seines analytischen und zugleich verständnisvollen Blicks in die Abgründe der Seele als bemerkenswerter Beitrag zur deutschsprachigen Literatur des 20. Jahrhunderts gilt. Horváths Schaffen wird als wichtige Stimme gegen totalitäre Systeme und für die Wahrung individueller Freiheit und Menschlichkeit wertgeschätzt.

Historischer Hintergrund des Romans

„Mitte September 1929“ (131) beginnt Ödön von Horváths Roman „Der ewige Spießer“, also kurz vor dem Crash an der New Yorker Börse am 24. Oktober. Die letzte Zeitangabe ist „Anfang November“ (257) desselben Jahres. Der Erste Weltkrieg liegt zwar mehr als zehn Jahre zurück, ist jedoch längst noch nicht überwunden. Deshalb werfen wir im Folgenden einen Blick auf die Zeit zwischen dem Ende des Ersten Weltkriegs 1918 und dem Beginn der Weltwirtschaftskrise, die durch den „Black Thursday“ bzw. „Schwarzen Freitag“ gemäß mitteleuropäischer Zeit ausgelöst wurde.

Nach dem Ersten Weltkrieg befand sich Deutschland in einer Phase des allmählichen Wiederaufbaus. Der letzte deutsche Kaiser Wilhelm II musste abdanken. Der Weg war frei für ein neues politisches System. Am 9. November 1918 wurde die Weimarer Republik ausgerufen. Bei den Wahlen 1919 kamen die Sozialdemokratische Partei Deutschlands SPD, die liberale Deutsche Demokratische Partei DDP und die katholische Deutsche Zentrumspartei auf 76,1 Prozent der Wählerstimmen. Mit dieser Koalition konnte eine solide Regierung gebildet werden.

Doch schon ein Jahr später bei den Wahlen 1920 war die satte Mehrheit auf 48 Prozent geschrumpft. Unter der folgenden Minderheitsregierung verloren die politischen Verhältnisse an Stabilität. 1923 war das Krisenjahr schlechthin. Im Januar begannen französische und belgische Truppen das Ruhrgebiet zu besetzen. Wegen der schlechten wirtschaftlichen Lage war Deutschland mit den sehr hohen, vom Versailler Vertrag aufgebürdeten Reparationszahlungen und Lieferungen in Rückstand geraten. Da Deutschland gegen die 100.000 Soldaten machtlos war, rief die Reichsregierung zu passivem Widerstand gegen die Besatzung auf, was zu Arbeitsniederlegungen und Sabotageaktionen führte. Die französischen und belgischen Truppen reagierten mit Gewalt, Verhaftungen und ggf. Erschießungen. Als Lohnausgleich erhielten Streikende vom Staat Geld, das in der Not kurzerhand in übermäßigen Mengen gedruckt wurde.

Damit verlor das Geld rasant an Wert. Im Juni begann die Hyperinflation. Die Preise stiegen ins Astronomische. Wer zum Einkaufen ging, musste riesige Mengen an Geldscheinen transportieren, die bald keiner mehr wollte. Stattdessen wurde getauscht, besonders gern gegen Naturalien, Lebensmittel, Zigaretten und Kohle. Erst nach der Währungsreform am 15. November beruhigte sich die wirtschaftliche Lage, allerdings auf Kosten der Arbeiter, Angestellten und Sparer, die nach dem Umtausch viel oder alles verloren hatten. Denn für eine Billion Notgeld bekam man lediglich eine Rentenmark. Gut lachen hatten nur diejenigen mit großen Schulden, die sich auf einen Schlag quasi in Luft auflösten.

Im September zuvor hatte Bayern aus Protest gegen den für die geplante Währungsreform notwendig erscheinenden Abbruch des Ruhrkampfes durch die Reichsregierung unter Gustav Stresemann eine eigene Lösung zur Beseitigung der katastrophalen Verhältnisse angestrebt und den Notstand über den Freistaat verhängt. Dagegen wollte die Regierung in Berlin sofort einschreiten. Dazu kam es jedoch nicht, weil sich die Reichswehr weigerte, ggf. auf Kollegen zu schießen. Derweil wurde Gustav von Kahr von der Bayerischen Volkspartei zum Generalstaatskommissar ernannt, was ihm im Freistaat diktatorische Vollmachten verlieh. Der Anführer der Nationalsozialisten Adolf Hitler hatte hingegen Größeres im Sinn. Mit Hilfe seiner Anhänger und der SA setzte er am 8. November die bayerische Regierung kurzfristig gefangen. Damit wollte er Unterstützung beim geplanten Marsch auf Berlin erzwingen. Sein Vorbild Mussolini hatte mit einem Marsch auf Rom erfolgreich die Herrschaft an sich gerissen. Solch ein Triumph blieb Hitler verwehrt. Der Putsch scheiterte, er und General Ludendorff, der den Marsch anführen sollte, mussten sich vor Gericht verantworten.

Ebenfalls im September wurden im Rheinland und in der Pfalz Separatisten aktiv, die eine Rheinische Republik gründen und mit Frankreich kooperieren wollten. Mit Unterstützung der französischen Armee wurden im Oktober und November mehrere Rathäuser in der Region besetzt, was die Reichsregierung hinnehmen musste, da keine deutschen Soldaten ins Rheinland einrücken durften.

Währenddessen plante die Kommunistische Partei, unterstützt von der Sowjetunion, mit der Aktion „Deutscher Oktober" die Revolution einzuleiten. Mehr als 50.000 Mann marschierten in Hundertschaften hauptsächlich in Sachsen und Thüringen ein. Diesmal gelang es der Regierung, die Reichswehr zu mobilisieren. Sie löste gewaltsam den Widerstand auf.

Das Krisenjahr 1923 endete mit der Schwächung der kommunistischen und der nationalsozialistischen Partei, die vorübergehend sogar verboten wurden. Dann konnten die „Goldenen Zwanziger Jahre" beginnen, womit Historiker die Zeit nach dem Krisenjahr 1923 und vor der Weltwirtschaftskrise 1929 meinen. Die Menschen waren es leid, an allem sparen zu müssen. Sie wollten konsumieren. Die nun nachgefragten Produkte mussten jedoch erst einmal hergestellt werden. Das sorgte mithilfe von amerikanischen Investitionen in deutsche Banken, die dadurch Kredite vergeben konnten, für einen wirtschaftlichen Aufschwung.

Mit dem wirtschaftlichen Erfolg änderte sich das Lebensgefühl der Menschen. Man wollte seine Freizeit genießen, seinen Erlebnishunger bei spannenden Sportereignissen stillen und sich abends beim Tanzen, im Kino oder Theater amüsieren. Berlin entwickelte sich zu einer Kulturmetropole. Deutsche Künstler und Literaten setzten Trends. Aber nicht jeder profitierte vom Aufbruch in die Moderne. Der Landwirtschaft, die noch stark mit den Folgen des Ersten Weltkriegs zu kämpfen hatte, ging es schlecht, zumal viele vom Land in die Stadt zogen. Auch blieb die Arbeitslosigkeit mit 10 Prozent hoch, u. a. weil durch das Fließband Arbeitsplätze eingespart wurden. Zum ersten Mal gab es Dauerarbeitslose.

Gleichzeitig drängten die geburtenstarken Jahrgänge auf den Markt. Der Zwang, sich beim Gerangel um Arbeit durchsetzen zu müssen, machte sich ebenso im sozialen Leben bemerkbar und das nicht nur im Sinne einer Ellenbogengesellschaft, in der sich jeder selbst der Nächste ist. Es entstand eine Kluft zwischen denen, die es geschafft hatten, und den Verlierern, die als minderwertig ausgegrenzt wurden. Viele Gemobbte waren bald so frustriert, dass sie die Lösung ihrer Probleme entweder bei den Kommunisten oder Nationalsozialisten sahen.

Die Politik strengte sich an, Deutschland aus der internationalen Isolation nach dem Ersten Weltkrieg zu befreien und mit den ehemaligen Feinden auf eine Auflösung des Versailler Vertrags hinzuwirken. Mit der Zeit gelang es, durch Verträge und

Abkommen Deutschland wieder einen Platz in der Weltgemeinschaft zu sichern. Damit war Deutschlands Situation zwar stabilisiert, aber eine latente Gefahr drohte im Inneren. Die Abschaffung des Obrigkeitsstaats hatte überzeugte Gegner, die sich mit der Demokratie nicht anfreunden konnten. 1925 wählte das deutsche Volk den ehemaligen Oberbefehlshaber Paul von Hindenburg, ein erklärter Feind der Demokratie, zum Reichspräsidenten. In diesem Amt war er Oberbefehlshaber der Streitkräfte, ernannte und entließ den Reichskanzler, konnte mit Notverordnungen Gesetze erlassen und den Deutschen Reichstag auflösen.

Von 1919 bis 1929 wurden neun verschiedene Politiker zum Reichskanzler ernannt, was im Durchschnitt etwa einen Reichskanzler pro Jahr ausmacht. Woran es der Weimarer Republik mangelte, war Kontinuität. Die Republik war von Anfang an sowohl von links- als auch von rechtsgerichteten Gegnern in Frage gestellt worden. Die demokratischen Institutionen befanden sich noch in der Entwicklungs- bzw. Konsolidierungsphase. Dringend notwendige Reformen wurden durch die häufigen Regierungswechsel ausgebremst. In der Politik herrschte eine Atmosphäre der Uneinigkeit und Zerrissenheit. Diese Stimmung übertrug sich auf die Bevölkerung und führte zu einer allgemeinen Wahrnehmung von Unsicherheit.

Fazit:
Die Zeit zwischen dem Ende des Ersten Weltkriegs und dem November 1929 war eine turbulente Periode in der deutschen Geschichte, gezeichnet von politischen Umwälzungen, sozialen und wirtschaftlichen Nöten bis hin zum Chaos. Die Weimarer Republik war ein Experiment in Demokratie und Modernität,

das sowohl von links als auch von rechts angefeindet wurde. Viele Menschen verarmten, selbst während der „Goldenen Zwanziger Jahre", denn der Arbeitsmarkt blieb angespannt. „Der ewige Spießer" von Ödön von Horváth gibt uns einen Einblick in das Leben der Menschen in jenen Jahren, lässt uns die Stimmung im Lande erahnen und die persönlichen Herausforderungen der Romanfiguren besser verstehen. Es war eine Zeit des Umbruchs und der Unsicherheit, aber auch der kulturellen Blüte und des Aufbruchs zu neuen Ideen und Lebensstilen.

Ausführliche Wiedergabe des Romaninhalts

Erster Teil: Herr Kobler wird Paneuropäer

1

Sechshundert Reichsmark! Von so viel Geld wagten viele Leute Mitte September 1929 nicht einmal zu träumen und er, Alfons Kobler aus der Schellingstraße, hatte es mit nur einem Autoverkauf bar auf die Hand bekommen. Schwierig war es schon gewesen. Schließlich stand das betreffende Cabriolet kurz davor, endgültig seinen Geist aufzugeben. Umso mehr freute sich Kobler, endlich jemanden gefunden zu haben, dem er den alten Karren andrehen konnte.

Bei dem Kaufinteressenten handelte es sich um den Käsehändler Portschinger aus Rosenheim, der zwar von Fahrzeugen nichts verstand, sich aber auf den ersten Blick in das schicke Cabriolet verliebte und eine Anzahlung von 300 Reichsmark leistete. Den Rest wollte er bei Abholung zahlen. Zu diesem Termin brachte er einen Freund als Sachverständigen mit und als der in Begeisterung ausbrach wegen des gepolsterten Notsitzes, schloss Portschinger den Handel ab.

Auf der Rückfahrt nach Rosenheim machten sich bald die technischen Mängel bemerkbar. Es fing mit einer Reifenpanne an und endete mit einem Unfall. Das Cabriolet überschlug sich und schleuderte Portschinger und seinen Freund hinaus. Wie durch ein Wunder blieben sie unverletzt. Doch der Wagen hatte Totalschaden. Wütend suchte Portschinger einen Rechtsanwalt auf, musste sich jedoch sagen lassen, dass der Vertrag rechtlich in Ordnung sei. Er hätte sich halt über den Tisch ziehen lassen und dagegen könne man nichts machen.

2

Als das Cabriolet noch neu war, stand es im Autohaus der „Gebrüder Bär", wo der keine 27 Jahre alte Kobler eine Zeitlang angestellt war. Er verkaufte es an eine über 50-jährige, wohlhabende, ehemalige Hofopernsängerin, die nach vielen Jahren der Witwenschaft an dem jungen, gut aussehenden Mann Gefallen fand und ihn zu sich in ihre schöne Villa einlud. Bald ging Kobler dort ein und aus mit dem Hintergedanken, auf diese Art schnell auf der gesellschaftlichen Leiter aufzusteigen.

Davon profitierte er, nachdem ihm einer der Inhaber des Autohauses gekündigt hatte. Grund war seine Schrulle, Damen zu langen Probefahrten einzuladen, die so taten, als seien sie finanzkräftige Kaufinteressentinnen. Doch eines Tages wurde eine von ihnen als Prostituierte entlarvt und Kobler gefeuert. Seitdem verkaufte er Autos auf eigene Faust.

Auch das Cabriolet sollte er im Auftrag der Hofopernsängerin verkaufen. Von den 300 Reichsmark Anzahlung lieferte er allerdings nur 50 bei ihr ab. In ihrer Wut schrieb sie ihm einen Brief, in dem sie klarstellte, ihn für einen Schurken zu halten und nichts mehr mit ihm zu tun haben zu wollen. Danach besann sie sich jedoch auf ihre Gefühle und schrieb ihm in einem zweiten Brief, dass sie ihn immer noch liebe. Kobler rief sie gleich an und sie verabredeten sich zum Abendessen.

Bei der romantischen Stimmung im Restaurant wurde die Hofopernsängerin schwach und ihr Lächeln besagte, er könne das Cabriolet ruhig ganz behalten. In dem Moment fiel Kobler auf, wie sehr sie gealtert war. Er brachte sie nach Hause, kam aber nicht mehr mit hinauf. Das war das Ende ihrer Freundschaft.

3

Kobler wohnte bei Frau Perzl, einer etwa so alten Witwe wie die Hofopernsängern, die ebenso angetan von ihm war. Wegen seiner angenehmen Stimme durfte er ihr sogar die Miete vierzehn Tage oder länger schuldig bleiben. Sie klagte gerne bei Ärzten über Schmerzen und erhielt die unterschiedlichsten Diagnosen. Ihr Ehemann, ein Wiener Frauenarzt mit Forschergeist, hatte sich im angetrunkenen Zustand bei der Sezierung einer seiner Patientinnen selbst geschnitten und starb an einer Infektion. Wenigstens hinterließ er seiner Familie sechs Häuser, die er vor dem Krieg geerbt hatte.

Ihr Sohn Ferdinand hatte die Kadettenschule besucht, weil er für einen akademischen Beruf wohl nicht geeignet war. Beim Militär brachte er es bis zum k. u. k. Oberleutnant. Den Ersten Weltkrieg verhurte er in der Etappe. Doch die Auflösung der Doppelmonarchie und das allmähliche Verspielen seines künftigen Erbes verkraftete er schlecht. Wohl oder übel änderte er seinen Lebensstil. Er strich die liederlichen Jahre als Soldat aus seinem Gedächtnis, wurde Antisemit, arbeitete in einem Kontor und heiratete seine Kollegin Frieda Klovac.

Frau Perzl war darüber mehr als enttäuscht. Sie hatte sich eine Schwiegertochter aus schwerreichem Hause vorgestellt. Je ärmer sie wurde, desto stärker beanspruchte sie für sich eine ideelle Überlegenheit trotz mangelnder Bildung. Sie entwickelte einen Hass und diesen Hass richtete sie nicht auf die Politiker, die für die Wirtschaftskrise verantwortlich waren, sondern auf das Proletariat.

4

Kurz vor Koblers Rückkehr nach Hause klingelte Graf Blanquez bei Frau Perzl. Er stellte sich ihr als ein Freund von Kobler vor und bat darum, im Zimmer auf ihn warten zu dürfen. Blanquez war eine elegante, aber zwielichtige Person. Seine Vorfahren waren Hugenotten. Mit seiner Familie – er hatte vierzehn Geschwister – verstand er sich nicht gut. Obwohl er Musik liebte, besuchte er nie ein Opernhaus, denn jede Oper erinnerte ihn an die Hugenotten und dann wurde er melancholisch.

Frau Perzl hatte Blanquez in Verdacht, sich gestern mit einem Mädchen in dem Zimmer getroffen zu haben. Heimlich beobachtete sie ihn durchs Schlüsselloch. Sie sah, wie er seinen Popel an die Tischkante klebte, sich einen Pickel ausdrückte und ungeniert in Koblers Sachen herumstöberte. Als Kobler auftauchte, sprach sie ihn auf das hemmungslose Verhalten des Grafen an. Kobler wollte ihn jedoch nicht zur Rede stellen, da er geschäftlich an ihn gebunden war.

Zu Koblers Überraschung wusste Blanquez bereits von seinem Geldsegen, weshalb er glaubte, angepumpt zu werden. Stattdessen legte Blanquez zehn Reichsmark auf den Tisch, die ihm Kobler angeblich geliehen hätte, und erzählte von einer Erbschaft. Sein krebskranker Onkel würde die Nacht wohl nicht überstehen. Nach seinem Tod wollte er mit dem Geld gleich zum Roulette nach Zoppot im Freistaat Danzig fahren. Er hätte sich nämlich ein Spielsystem ausgedacht.

Kobler empfahl er, sein gutes Aussehen dort in einem Luxushotel gewinnbringend einzusetzen, indem er eine reiche Frau verführte, die ihn dann heiraten müsste. Kammlocher, ein gemeinsamer Bekannter, hatte sich auf diese Weise eine Ägypterin mit ein paar Pyramiden geschnappt und somit ausgesorgt. Kobler wollte es sich überlegen. Bevor Blanquez ging, bat er um die zehn Reichsmark. Er müsse heute noch Wäsche bezahlen und würde das Geld morgen bringen.

5

Am nächsten Morgen kamen Kobler, der sich rasierte, und Frau Perzl, die ihm Wasser und Handtücher brachte, ins Plaudern. Sie erzählte von ihrem verstorbenen Mann, der mit ihr viel gereist sei. Wenn sie so viel Geld hätte wie er, würde sie unbedingt auf Reisen gehen. Beim Gedanken an die Kunstschätze und Kulturstätten in Europa geriet sie ins Schwärmen.

Koblers Überzeugung nach war Kunst nur etwas für Ehefrauen reicher Juden und kam für ihn deshalb nicht in Frage. Dennoch gefiel ihm die Idee, in die Welt zu reisen. Er könnte sich in anderen Ländern anschauen, wie dort zum Beispiel ein Cabriolet verkauft würde, denn es wurde immer schwieriger mit dem

Autoverkauf. Bei ihm musste alles einen praktischen Sinn haben wie zum Beispiel das, was der Graf über die Ägypterin mit den Pyramiden erzählt hatte.

Frau Perzl kannte die Geschichte. Entweder hatte sie gelauscht oder die Herren hatten laut genug gesprochen, wie sie behauptete. Beim Gedanken, ihr Sohn wäre auf die Tour zu Reichtum gelangt, kamen ihr die Tränen. Und dann eine Idee. Kobler müsse gar nicht nach Zoppot fahren. Für ihn sei es viel günstiger, zur Weltausstellung nach Barcelona zu fahren, wo er nicht einmal im Luxushotel absteigen müsse, denn solche Ägypterinnen könne er ganz leicht in den Ausstellungspavillons kennen lernen.

6

Kobler ging in ein amtliches Reisebüro, weil man dort kostenlos informiert wurde. Frau Perzls Vorschlag hatte ihn überzeugt. Das Luxushotel wollte er sich sparen und falls es mit einer Ägypterin wider Erwarten nicht klappen sollte, könnte er auf der Ausstellung auf jeden Fall seine Kenntnisse im Autoverkauf erweitern. Vor ihm standen zwei elegante Damen und ein älterer Herr mit gepflegtem Bart. Die Damen sprachen Russisch. Sie waren Emigrantinnen, der Beamte ebenso. Obwohl sie mit ihrem Geld auch nur noch gerade über die Runden kamen, baten sie um Auskunft über sonnige Orte wie den Lido, Cannes oder Deauville. Das taten sie übrigens jede Woche und jedes Mal gingen sie mit einem Prospekt nach Hause.

Der Herr mit dem Bart war ein ungarischer Abgeordneter, der sich Demokrat nannte. Als er jedoch in seiner Zeitung über den Schiffbruch der Demokratie las, freute er sich. Was er hingegen über den britischen Premier MacDonald erfuhr, weckte in ihm den Wunsch, alle Demokraten auszurotten. Nun kam er an die Reihe. Er wollte mit dem Schlafwagen nach Hajdúszoboszló reisen, aber der Beamte konnte ihm nur eine Fahrkarte bis Budapest ausstellen und bat um Geduld, bis er nachfragen lassen konnte, ob noch ein Schlafwagenplatz frei sei. Der Bartträger empörte sich und drohte, sich beim königlich ungarischen Handelsminister zu beschweren. Auf einmal trat ihm Kobler aus Versehen aufs Hühnerauge. Sofort brüllte der Bärtige ihn an und zischte auf ungarisch: „Also das ist sicher ein Demokrat!"

Schließlich erkundigte sich Kobler nach Barcelona, was den Bartträger aufhorchen ließ. Barcelona war nämlich in der Zeit vor General Primo de Rivera ein Zentrum der Anarchie gewesen. Indessen notierte der Beamte, der alle Ankunfts- und Abfahrtzeiten im Kopf hatte, alle Details der Reise nach Barcelona und zurück.

Kobler war begeistert und erstaunt über die günstigen Preise. Der Beamte erklärte es ihm. Deutschland sei das teuerste europäische Land, weil es den Krieg verloren hätte. Frankreich und Italien seien wegen der Inflation wesentlich billiger. Teurer als Deutschland wären nur Spanien und die Schweiz, die im Krieg neutral geblieben waren. Da wünschte sich Kobler, diese beiden Länder wären auch in den Weltkrieg verwickelt worden.

7

Am Vorabend seiner Abreise ging Kobler in sein Stammlokal, den „Schellingsalon", und bestellte sich etwas zu essen. Aber nicht der Hunger hatte ihn dorthin getrieben, sondern die Lust, mit seiner Reise zu imponieren. Doch weder die Kellnerin noch die Bekannten, denen er „Ich fahr nach Barcelona!“ zurief, wollten mehr darüber erfahren. Schwer enttäuscht ging er zur Toilette.

Bei seiner Rückkehr entdeckte er Anna Pollinger im Lokal, eine intime Bekanntschaft von ihm. Sie war die Einzige, die auf seinen Ausruf antwortete, auch gern nach Barcelona fahren zu wollen. Ja, warum sie es dann nicht täte, konnte sich Kobler nicht verkneifen zu fragen, obwohl er genau wusste, dass sie kaum Geld besaß.

Anna Pollinger verdiente als Bürokraft in einer Kraftwagenvermietung nur hundertzehn Mark und war zwar nicht hübsch, sah aber durchschnittlich gut aus. Ab und zu durfte sie bei jemandem hinten auf dem Motorrad mitfahren. Dafür wurde allerdings erwartet, dass sie den Mann an sich heranließ, auch wenn sie keine Lust darauf hatte. Wehren tat sie sich nicht. Ihr war fast alles im Leben einerlei geworden, weil sie es sonst nicht ausgehalten hätte.

Ihre Beziehung mit Fritz dauerte über ein Jahr. Als sie befürchtete, schwanger zu sein, machte er mit ihr eine Bergtour, weil die Erschütterungen beim Abstieg dafür sorgen sollten, dass kein Kind kommen würde. Nach diesem Ausflug war sie nie wieder ganz gesund und hatte ab und zu starke Schmerzen im Unterleib. So erzählte man sich jedenfalls ihre Geschichte.

An jenem Tag im Lokal bestellte sie sich lediglich ein kleines Bier, weil sie ihr Abendbrot in der Firma gegessen hatte. Sie hatte ausnahmsweise bis 9 Uhr abends arbeiten müssen – wie durchschnittlich vier Mal pro Woche! Diese Überstunden wurden nicht bezahlt. Schließlich konnte sie jederzeit kündigen. Beim Abschied sagte Kobler, dass die Reise anstrengend werden würde, was sie richtig deutete: „Dann wird es also heut nacht nichts."

8

Wie für die Deutschen bekannt, fuhr der D-Zug pünktlich ab. Kobler genoss seine berufliche Selbständigkeit und dachte mit Schadenfreude an Anna, die gerade ins Büro musste. Er überlegte, welch ein Unglück es wäre, wenn alle Angestellte wären, wie es sich die Marxisten vorstellten. Dann hätte er sich nie so angestrengt, Portschinger zu betrügen. Das Cabriolet wäre als Staatseigentum eingeschmolzen worden, was einerseits richtig gewesen wäre. Andererseits wäre sein Engagement verloren gegangen. Er kam zu dem Schluss, dass der Marxismus die persönliche Initiative zerstören würde.

Während er stolz durch die tristen Vorortbahnhöfe fuhr, las er in der Zeitung seines Gegenübers die Überschrift „Nun erst recht!". In dem Artikel ging es um Folgendes: Ein Deutscher, der behauptet, er sei stolz, ein Deutscher zu sein, das jedoch damit begründet, dass er auch ohne Stolz ein Deutscher bliebe und er deswegen natürlich stolz darauf wäre, ein Deutscher zu sein, sei kein Deutscher, sondern ein Asphaltdeutscher.

Koblers Reiselektüre bestand aus einem Herrenmagazin, in dem Girls für den „Zauber des Militarismus" posierten, einigen Mini-Wörterbüchern und einer Broschüre mit spanischen Redensarten, in der er zu lesen anfing. Außer Kobler saßen noch drei Herren im Zugabteil. Zwischen ihnen entspann sich eine hitzige Debatte über Reisen bzw. Geldausgeben im Ausland, das negative Ansehen Deutschlands im Ausland, Handelsbeziehungen zum Ausland und die Wichtigkeit von Fremdenverkehr in Deutschland. Dabei prallte profitorientierte Weltoffenheit auf gekränkten Nationalstolz. Kobler sprach sich im Namen der deutschen Handelsleute für enge Beziehungen mit Ländern aus, die Deutschland wohlgesinnt wären, wobei die nationale Ehre natürlich hochzuhalten sei.

In Partenkirchen stiegen zwei der Herren aus. Auf der Weiterfahrt nach Mittenwald machte der verbliebene Mitreisende Kobler auf die Zugspitze aufmerksam und berichtete von der Seilbahn, die auf österreichischer Seite den Berg hinaufführt, und der bayerischen Zahnradbahn auf deutscher Seite. Beide seien Meisterwerke moderner Bergbahnbautechnik. Allerdings wären bislang schon rund vier Dutzend Arbeiter tödlich verunglückt und bis zur Inbetriebnahme der Zahnradbahn würden wohl weitere Arbeiter dran glauben müssen.

Dieser Herr war Lehrer, der nach der Heirat einer Protestantin seine Stelle verloren hatte wegen des bayerischen Konkordats.

9

Noch bevor der Zug Mittenwald an der Grenze zu Österreich erreichte, öffnete Kobler seinen Koffer und hielt seinen Pass bereit. Es war sein erster Grenzübertritt und ihm war seltsam feierlich zumute. Als der Zollbeamte fragte, ob jemand etwas zu verzollen habe, zeigte Kobler auf seinen geöffneten Koffer, worauf der Beamte fluchtartig hinausstürmte. Er hatte wohl Angst, ausnahmsweise arbeiten zu müssen.

Bei der Passkontrolle ging es schärfer zu, denn Fahrgästen, deren Pass gerade abgelaufen war, konnte man einen Passierschein verkaufen. Einmal hatte jemand in solch einem Fall dem Passbeamten frech geantwortet, sehr für den Anschluss Österreichs an Deutschland zu sein.

Während der Zugfahrt durch die Kalkalpen zwischen Wetterstein und Karwendel war Kobler von den steilen Berghängen, öden Geröllhalden und beängstigenden Abgründen tief beeindruckt. In Innsbruck, der Hauptstadt von Tirol, musste er umsteigen. Beim Warten auf den Schnellzug nach Bologna, der Verspätung hatte, dachte Kobler, die Österreicher sind halt gemütliche Leute.

Auf der Fahrt bis nach Steinach am Brenner teilte sich Kobler das Zugabteil mit einem altösterreichischen Hofrat und einem sogenannten Mann aus dem Volke, der sich beim Hofrat einschmeicheln wollte. Er war der Heimwehr, die dem italienischen Faschismus nacheiferte, beigetreten, weil er sich davon berufliche Vorteile versprach.

Beide Mitreisenden stimmten darin überein, dass die Juden zu frech würden und man hart gegen sie vorgehen müsse. Der einfache Mann erzählte, wie zehn Leute von der Heimwehr einen Juden geschlagen hatten. Darüber amüsierte sich der Hofrat. „Heil!", rief der Mann. Der Hofrat antwortete: „Sieg!" Der Mann setzte noch einen obendrauf: „Und Tod!"

Kobler fühlte sich von dem Geschwätz im Denken gestört und ging auf den Korridor. Ihm fiel auf, wie lange er nicht mehr an die Ägypterin gedacht hatte, sein eigentliches Reiseziel. Beim Blick aus dem Fenster auf die imposante Berglandschaft wurde ihm klar, dass der Mensch im Vergleich zum Berg ein großes

Nichts wäre. Deshalb wollte er nicht auf Dauer in den Bergen leben, lieber im Flachland oder höchstens im Hügelland.

10

Der Brennerpass, eine historische Verbindung zwischen Nord- und Südtirol, wurde nach dem Frieden von Saint-Germain im Jahr 1919 zur österreichisch-italienischen Grenze. Die Italiener feierten, ihre Brüder in Trento von der habsburgischen Herrschaft befreit zu haben. Aber die Annexion des deutschen Südtirols durch Italien sorgte für Kontroversen. Mussolini verfügte, Südtirol vollständig zu italianisieren, ähnlich wie Preußen einst das polnische Posen germanisieren wollte. Alle deutschen Orts- und Familiennamen mussten ins Italienische übersetzt werden. Falls sie keinen übersetzbaren Sinn hatten, wurde einfach ein „o“ hinten an den Namen gehängt.

In Brennero an der Grenze zu Italien fielen Kobler die vielen neu gebauten Kasernen auf dem gleichnamigen Berg auf. Am Bahnhof wurde der Schnellzug bereits von etwa dreißig Männern erwartet, von denen fast jeder eine andere Uniform trug. Einer von ihnen, anscheinend der Anführer, beteiligte sich nicht an den Kontrollmaßnahmen. Er stand auf dem Bahnsteig unter einem kolorierten Foto von Mussolini und schien mit seinem Blick den Zug nach einer blonden Frau abzusuchen.

Die Reisenden durften den Zug nicht verlassen, da die Kontrollen strenger waren als die zwischen Bayern und Österreich in Mittenwald. Der Beamte, der Koblers Pass kontrollierte, sprach gebrochen Deutsch. Koblers Auskunft, er fahre nach Barcelona, freute den Beamten, da der Signor folglich nach Italien reise. Ein anderer Herr wurde nach dem Zweck seiner Reise nach

Italien gefragt. Die Antwort, zur Erholung, gefiel dem Beamten ebenso gut.

Kobler murmelte, die Fragerei sei blöd, weil sie doch alle nach Italien führen. Daraufhin vertraute ihm der Erholungsbedürftige an, dass die Passbeamten Detektive der politischen Polizei in Rom seien. Plötzlich standen drei Faschisten vor Kobler und wollten wissen, ob er Zeitungen dabeihabe. Österreichische, sozialistische, kommunistische, anarchistische, syndikalistische und nihilistische dürften nicht nach Italien eingeführt werden. Das sei strengstens verboten. Zum Glück hatte Kobler nur ein Magazin bei sich. Diesmal wurde sein Koffer von mehreren Zollbeamten durchwühlt. Als nichts Verdächtiges gefunden wurde, ging die Fahrt endlich weiter durch das neue Italien.

11

Fasziniert schaute Kobler auf die plötzlich überall erscheinenden Schilder mit italienischen Aufschriften, ohne ihre Bedeutung zu verstehen. Im ehemaligen Franzensfeste hielt der Zug. Ein nervöser Deutscher fragte ihn nach dem Namen der Stadt. „Latrina", gab Kobler Auskunft. Das hatte er jedenfalls zuletzt auf einem Schild gelesen. Der Fragesteller glaubte jedoch, Kobler wolle ihn veralbern, und schrie ihn an. Daraufhin mischte sich der Erholungsbedürftige namens Albert Hausmann ein. Er war ein gebildeter Herr mit perfekten Italienischkenntnissen und konnte somit den Streit schlichten. Latrina hieße Toilette.

Hausmann warnte ihn eindringlich vor faschistischen Spitzeln und deutete geheimnisvoll auf einen Mann, der ihn in ein verfängliches Gespräch hatte verwickeln wollen. Bei jeder abfälligen Bemerkung über Mussolini, Nobile oder allgemein das System würde man direkt aus dem Zug heraus verhaftet werden. Kobler nahm sich in Acht.

Später unterhielt sich Kobler mit dem angeblichen Spitzel, der ihm vom Bau eines Elektrizitätswerks in Bozen erzählte, das die Italiener am Ende nur mit Hilfe von drei reichsdeutschen Ingenieuren fertigstellen konnten. Die Begeisterung des Spitzels für Reichsdeutsche stiftete Kobler zu der Behauptung an, selbst ein reichsdeutscher Faschist zu sein. Erschrocken sah ihn der andere an, denn er war in Wirklichkeit gar kein Spitzel.

12

Zufrieden über seinen vermeintlichen Triumph über Mussolinis Spitzel betrat Kobler den Speisewagen. Er fühlte sich wie ein Sieger in einem Prozess, den er von Rechts wegen hätte verlieren sollen. Da es nur noch einen freien Platz gab, setzte er sich, nachdem er höflich um Erlaubnis gefragt hatte, an den Tisch eines kultivierten Herrn aus Weimar, der Stadt von Goethe und der Verfassung. Dieser Mann war ungemein fettleibig und ein wahrer Gourmand, also ein Vielfraß.

Zwischen all den einverleibten Speisen gab er vor Kobler damit an, ein Renaissance-Mensch zu sein. Sein Ideal war der Süditaliener, der sich rund um die Uhr am Strand sonne und sehr genügsam sei. Seiner Ansicht nach wären auch die deutschen Arbeiter glücklicher, wenn sie nur genügsamer wären. Er selbst hatte natürlich noch nie gearbeitet und somit nichts anderes zu tun, als sich vor dem Tod zu fürchten, weshalb er an schier pathologischer Hypochondrie litt. Und im Übrigen interessierte er sich nicht für das Schicksal des Deutschen Reiches, solange die Dividenden stiegen.

Nachdem er sich bei Kobler nach dem Reiseziel erkundigt hatte, empfahl er ihm, unbedingt einen Stierkampf zu besuchen, wo er den traditionellen konservativen Geist Spaniens erleben könne.

13

In Verona hatte Kobler nur zehn Minuten Zeit, um in den Schnellzug nach Mailand umzusteigen. Auf dem Bahnsteig lief ein amtlicher Dolmetscher hin und her. Auf seiner Armbinde stand, dass er vier Sprachen beherrschte. Bei ihm erhielt Kobler die Auskunft, sein Zug käme auf dem dritten Bahnsteig an. Dort würde übrigens eine lächerliche Frau stehen, nämlich seine. Sie waren sich wie schon so oft über ihren Vorwurf in die Haare geraten, nächtelang mit Ausländerinnen auf dem Bahnhof herumzulungern, worauf er regelmäßig erwiderte: „Soviel Sprachen jemand spricht, sooft ist dieser Jemand ein Mensch!" An jenem Tag hatte sie nach dem Streit beschlossen, zu ihrem Bruder nach Brescia zu fahren.

Kobler war sehr müde geworden und wollte schlafen. Er beherzigte den Rat von Frau Perzl und stieg in die zweite Klasse ein, weil die Italiener in der dritten Klasse dafür bekannt waren, meistens laut vor sich hin zu singen. Kobler wählte ein Abteil, in dem bereits ein Herr saß, der offenbar über eine seiner Zeitungen eingeschlafen war, die überall herumlagen.

Zwanzig Minuten später, Kobler war noch nicht eingeschlafen, wachte der Herr auf und sprach ihn auf Deutsch an. Das regte in Kobler den Verdacht, wieder an einen Spitzel geraten zu sein. „Woher wissen Sie denn, dass ich Deutscher bin?", fragte er misstrauisch. Das erkenne er am Kopf, lautete die Antwort.

Die Deutschen hätten dicke Köpfe im wahren Sinne des Wortes. Nach der Bemerkung, er selbst sei halb Deutscher, lenkte er das Gespräch auf Verona und das dort präsente Militär, dann auf Politik und Geheimdiplomatie.

Erst ärgerte sich Kobler über den Schwätzer, der ihn daran hinderte zu schlafen. Doch schon bald merkte er, wie nützlich dieser Herr für ihn werden könnte. Rudolf Schmitz, ein gebürtiger Österreich-Ungar, kam aus Wien, wo er als Korrespondent u. a. für ein Abendblatt in Prag, ein Morgenblatt in Klausenburg, ein Mittagblatt in Agram, ein Wochenblatt in Lemberg und ein Revolverblatt in Budapest schrieb.

Schmitz bekam es zweimal mit einem Angehörigen der faschistischen Miliz, einem sogenannten Schwarzhemd zu tun. Einmal, weil er Zeitungen aus dem Fenster geworfen hatte, was er strikt leugnete, und das andere Mal, weil seine Füße samt Schuhen ohne Zeitung auf dem Sitz lagen. Nachdem der Ordnungshüter gegangen war, besprachen sie das Vorgefallene. Schmitz meinte, diese Kontrollen seien die Art von Revolution, wie sie der Faschismus betriebe. Sie dienten zur Erziehung der Nation zum Krieg – zum Krieg gegen jeden. Der Faschismus sei nämlich keine Revolution, sondern heiliger Egoismus.

Kobler bemängelte an Revolutionen, dass deren Führer keinen kaufmännischen Verstand besäßen. Schmitz stimmte ihm zu und sagte, die Kaufleute hätten den Höhepunkt ihres Zeitalters noch nicht erreicht. Danach würden sie gemäß eines kosmischen Gesetzes von einer anderen Gesellschaftsschicht abgelöst werden, wahrscheinlich vom Proletariat. Kobler konnte sich das nicht vorstellen.

Der Schaffner, bei dem sie beide nachzahlen mussten, schätzte Deutschland sehr und erzählte ihnen von einer deutschen Familie aus Russland, die vor den verbrecherischen Bolschewiken geflohen war, unter denen sie alle hätten arbeiten sollen, was sie noch nie getan hätten. Zum Schluss gab er eine Anekdote über Mussolinis Besuch in Milano zum Besten, die mit der Pointe endete, dass sogar der Himmel für Mussolini sei.

Während einer Gesprächspause hingen die beiden Reisenden ihren Gedanken über den jeweils anderen nach. Kobler überlegte, ob Schmitz, der als Sonderkorrespondent auf dem Weg zur Weltausstellung war, Kontakte hätte, über die er an eine Ägypterin herankäme. Und Schmitz dachte, dass es blöd von ihm gewesen sei, sich dem ganz bestimmt blöden Kobler als Reisebegleiter angeboten zu haben.

14

Kurz nach Mitternacht erreichten sie Milano, wo sie gut drei Stunden Aufenthalt hatten. Es war stockfinster. Den Mailänder Dom hätten sie in seiner gotischen Pracht kaum sehen können. Deshalb schlug Schmitz vor, im Bahnhofsrestaurant Chianti zu trinken. Kobler konnte es nur recht sein.

Schmitz war regelrecht verliebt in diesen Wein und auch Kobler schmeckte der ihm bislang unbekannte Chianti sehr gut. Da auch Schmitz nicht am Krieg teilgenommen hatte, traute sich Kobler zu, sich mit ihm über den Weltkrieg und den Krieg im Allgemeinen zu unterhalten. Kobler erzählte, bis zum Hitlerputsch politisch rechts gestanden zu haben. Inzwischen positioniere er sich in der Mitte. Pazifist könne er jedoch nie sein, da sein einziger Bruder Alois im Krieg gefallen war. „Armer Alois", seufzte Schmitz und wurde wehmütig.

Im Prinzip war Kobler schon sehr für ein friedliches Miteinander der Völker. Nur zweifelte er an der Umsetzbarkeit. Schmitz ging darauf nicht ein. Er versank in Gedanken an deprimierende Dinge. Erst bei der dritten Flasche Wein unterbrach er die Stille mit dem Ausspruch, neuerdings würde das Todesmotiv in der Literatur vernachlässigt, weil alles nur leben wolle. Kobler meinte, man solle sich auch gar nicht mit dem Tod beschäftigen. Vor dem Krieg hatte er noch gern die Gräber seiner Verwandten besucht, aber der Krieg hatte alles verändert.

1922 hatte sich Kobler in München angesiedelt, wo großes politisches Chaos herrschte. Da er als Mittelstandsprössling ohnehin rechts stand, nutzte er die politische Konjunktur aus. Ein neuer Bekannter, der einem politischen Geheimbund angehörte, verhalf ihm zu einer Anstellung in einer völkischen Inflationsbank. Nach der Verhaftung des Bankdirektors arbeitete er in einem Fahrradgeschäft, wo er es nicht lang aushielt, dann als Handelsreisender für eine württembergische Hautcreme und Scherzartikel und hausierte anschließend mit Briefmarken, bis er schließlich in der Autobranche landete.

Nach Möglichkeit vermied es Kobler, über seine Vergangenheit zu sprechen, denn ihn beschlich oft das Gefühl, unrechte Taten vertuschen zu müssen. Dabei hatte er nichts verbrochen, was nicht in den Rahmen der Gesellschaftsordnung gepasst hätte. Nun wollte er sich lieber über die Zukunft unterhalten bzw. die Möglichkeit eines neuen Krieges, den einige seiner Bekannten für notwendig hielten. Ihn wunderte das nicht, da viele nicht den Verlust der deutschen Kolonien akzeptieren konnten.

Schmitz war hingegen überzeugt, dass es zu keinem weiteren Krieg zwischen den kapitalistischen Großmächten Europas kommen werde, weil es wesentlich günstiger sei, eine Nation auf kaufmännisch-friedliche Art auszubeuten. Allerdings müssten sich die europäischen Länder zusammenschließen. Andernfalls drohe, dass Amerika Europa zu seiner Kolonie mache. Kobler gab daraufhin zu bedenken, dass sich die Länder wegen ihres wechselseitigen Misstrauens im Grunde genommen gar nicht verständigen könnten.

Bei der fünften Flasche fragte Kobler nach der Bedeutung von „Pan". Im Endeffekt das Universum, dozierte Schmitz. Im Fall von „Paneuropa" würde es „Vereinigte Staaten von Europa" bedeuten. Kobler unterbrach ihn mit dem Einwurf, das schon zu wissen. Da haute Schmitz wütend auf den Tisch und brüllte: „Aber ohne Großbritannien gefälligst!"

Er wurde Zeit zum Aufbruch. Ziemlich angetrunken zahlten sie beim Kellner, der sie betrog. Schmitz hob den Arm zum Faschistengruß. Kobler tat es ihm nach, die Büfettdame ebenso.

15

Von der frischen Luft noch stärker berauscht, torkelten die beiden Herren zu ihrem Waggon und brauchten lange Zeit beim Einsteigen. Schmitz beteuerte, wie gern er Kobler kennen gelernt habe und nach Barcelona begleiten würde. Kobler hatte kaum mehr Kraft zum Antworten. So geriet das Interview, das der redselige Schmitz mit seiner Eminenz führen wollte, mehr zu einem Nonsens-Dialog.

Bald schliefen sie ein. Der Kunstkenner Schmitz träumte, als Pan-Stier von Pan-Europa geküsst zu werden, wobei sie sich beim Küssen in die unschöne Frau Helene aus Salzburg verwandelte. Und Kobler träumte eine Kabarett-Nummer, in der sein Bruder dem auserlesenen Publikum vorführt, wie er von einer Granate zerrissen wird. Anschließend setzt er sich anmutig wieder zusammen, worauf das Publikum singt: „Die Glieder / Finden sich wieder!"

16

Als die beiden Herren gegen Mittag erwachten, näherten sie sich bereits San Remo. Draußen lag das Meer, aus dem alles Leben entstanden ist und das sich durch Anpassung immer höher entwickelt hat. Kobler war viel zu verkatert, um sich mit Schmitz zu unterhalten oder auch nur die herrliche Landschaft zu genießen. Er litt stark unter Übelkeit und sah düster in die Zukunft. Schmitz versuchte ihn abzulenken und sprach über Monte Carlo und Nizza und was ihm dazu einfiel.

Cap d'Antibes assoziierte Schmitz mit Bernard Shaw, den wiederum mit Alfred Nobel, der einen Literaturpreis gestiftet hatte als Ausgleich für seine Erfindung des Dynamits, mit dem sich die Leute gegenseitig in die Luft sprengten.

In Toulon überlegte er beim Anblick der Torpedoboote und Panzerkreuzer, die im Kriegshafen vor Anker lagen, warum das demokratische Frankreich aufrüstete. Bei den Faschisten mit ihrem kriminellen Egoismus leuchtete ihm der Rüstungswahn ein. Folglich war Frankreichs Kriegsflotte als Maßnahme gegen Mussolinis Streben nach Nizza und Korsika zu verstehen.

Schließlich erreichten sie Marseille, eine besonders bunte Hafenstadt mit Bordellen. Es war bereits Nacht. Beide sehnten sich nur noch nach einem bequemen französischen Bett. Sie gingen zu einem Hotel, das Schmitz als gediegen und preiswert empfohlen worden war. Dass dahinter Boshaftigkeit steckte, konnte er ja nicht ahnen. Müde wie sie waren, buchten sie so ein Zimmer in einem Stundenhotel, was teuer werden würde.

17

Am nächsten Morgen wachten Schmitz und Kobler erfrischt auf und zogen gleich los zu einem Stadtbummel. Danach machten sie einen Bootsausflug zur Insel vom Grafen von Monte Christo. Anschließend aßen sie wie Gott in Frankreich in einem der beliebten Restaurants im Hafen. Hier war alles viel billiger als in Deutschland oder Österreich und von den Vorspeisen durfte man sich so viel nehmen, wie man wollte.

Schmitz nutzte die Gelegenheit, um über Kolonialismus und den Handel mit Kolonialprodukten zu philosophieren. Zwar war er gegen die Ausbeutung der Kolonialvölker, andererseits aber für die abendländische Kultur, die ohne Kolonialprodukte wie zum Beispiel Kaffee sich bestimmt nicht so prächtig entwickelt hätte. In einer fairen Bezahlung der Arbeiter sah er keine Lösung, denn in dem Fall würden die Plantagenbesitzer das Tausendfache verdienen wollen, wodurch alle Kolonialprodukte unerschwinglich teuer würden. Wir Weißen wären nämlich die größten Bestien.

Kobler mochte sich nicht am Gespräch beteiligen. Er wollte endlich ins Bordellviertel. Doch Schmitz erklärte ihm, das würde sich im Hellen nicht rentieren.

18

Nur kurz durchstreiften Kobler und Schmitz das Bordellviertel, das sich als düsteres und dreckiges Labyrinth erwies. Außerdem hatten sie, spätestens seit eine Frau mit Ausschlag um den Mund Kobler küssen wollte, Angst vor einer Infizierung. Kobler vermisste nette Huren und verstand nicht, weshalb sich die Matrosen auf solch abscheuliche Prostituierte einließen. Schmitz hatte dafür eine praktische Erklärung. Diese Männer folgten einfach ihrem oft ausgefallenen Trieb und für jede Nachfrage gebe es ein Angebot. Prostitution wäre schon etwas Trauriges, könne aber nicht abgestellt werden.

Schmitz führte Kobler zu einem Bordell, das ihm ein Wiener Ober vom „Bristol" als seriös empfohlen hatte. Unterwegs überlegte er, dass wir Menschen eigentlich nur drei Triebe unterdrückt hätten. Inzest, Kannibalismus und Mordgier und das auch nicht total, wie der Weltkrieg gezeigt habe. Der Marxismus, mit dem er in seiner Jugend Bekanntschaft gemacht hatte, behaupte zwar, die Prostitution würde bei Aufhebung der bürgerlichen Produktionsverhältnisse von allein verschwinden. Doch daran konnte er nicht glauben, weil der Marxismus die ganze europäische Zivilisation vernichten wolle. Seiner Ansicht nach müsse man die Prostitution reformieren.

Im Haus „Chez Madelaine", das hauptsächlich Männer in Uniform besuchten, wurden sie von einer älteren charmanten, aber auch etwas streng wirkenden Dame auf englisch begrüßt, die etwas Königliches an sich hatte. Sofort stellte Schmitz klar, dass sie keineswegs Amerikaner seien, ganz im Gegenteil. Darüber freute sich die Madame, was Schmitz als Beweis dafür nahm, dass man in Frankreich gleichfalls keine amerikanische Kolonie werden wolle.

Die Madame musste mit ihren Gästen nur die Bar betreten, und schon stellten sich die Dirnen im Halbkreis um Schmitz und Kobler auf, um die Beweglichkeit ihrer Zungen vorzuführen. Da Kobler Angst vor zu hohen Preisen hatte, wies Schmitz gleich darauf hin, erst und vielleicht nur etwas trinken zu wollen. Das darauf folgende Angebot der Madame, kostenlos mit einer Dame am Tisch zu plaudern, nahm er jedoch gern an.

In der Bar fiel Schmitz eine schwarze Frau mit Turban auf, die einen anderen Gang hatte als ihre europäischen Kolleginnen. In dem Moment bedauerte er, dass man dem typisch Europäischen bislang zu wenig Beachtung schenkte.

Unter den vielen Dirnen aus diversen Nationen wählte die Madame Irmgard aus. Sie stammte aus Schlesien und mit ihr konnte man sich tatsächlich amüsant unterhalten. Leider wurde sie bald von einem uniformierten Herrn verlangt. Zum Abschied sagte ihr Schmitz, er sei Schriftsteller und wenn sie tippen könne, wäre sie das richtige Weiberl für ihn.

19

Noch in derselben Nacht fuhren Schmitz und Kobler von Marseille direkt nach Barcelona. In Arles erzählte Schmitz, Van Gogh habe hier gemalt. Kobler konnte mit dem Namen nichts anfangen, was Schmitz zutiefst frustrierte. In Tarascon stiegen Fahrgäste aus dem Pariser Express hinzu. Als eine Dame fragte, ob noch ein Platz frei wäre, rief er sofort, alle Plätze wären noch frei. Er beeilte sich, das Gepäck der Dame zu verstauen und überließ ihr seinen Eckplatz.

Die wohlhabend aussehende Dame hatte nicht nur eine attraktive Figur, sondern auch das gewisse Etwas. Auf die beiden Herren machte ihr Sex-Appeal natürlich Eindruck. Kobler entdeckte in ihr eine Ägypterin und malte sich bessere Chancen bei ihr aus als Schmitz, bis ihm einfiel, kein Französisch zu sprechen. Aber als Schmitz sie siegessicher erst auf Französisch und dann auf Englisch ansprach, stellte sich heraus, dass sie Rheinländerin war. Da glaubte Kobler an Vorsehung.

Nun versuchte Schmitz der Dame zu imponieren, indem er lauter Prominente aufzählte, die seine Duzfreunde seien. Doch Kobler grätschte in seinen Monolog mit der Frage, ob sie Marseille kenne. Die Dame verneinte und betrachtete ihn genauer. Er gefiel ihr offenbar. Das ermunterte Kobler, der Dame von einer Filmvorführung in einem verrufenen Haus zu erzählen, die eigentlich verboten gehörte. Weit kam er damit nicht, denn Schmitz unterbrach ihn gereizt mit der Frage, ob er vergessen habe, wie zuchthausmäßig einfach der Speisesaal der Prostituierten gewesen sei und wie stark es nach Medikamenten aus dem Zimmer des Arztes gestunken hätte.

Das war der Dame desillusionierend genug, um Schmitz zu stoppen, der wütend das Abteil verließ. Auf dem Gang fragte er sich, woher diese Deutschen einer verarmten Nation das Geld hätten, nur zum Vergnügen herumzufahren. Auch befasste er sich mit seiner Wut, die er auf diese Urwut zurückführte, die entsteht, wenn ein Lebewesen an der Ausübung des Geschlechtsverkehrs gehindert würde. Eine Weile ging er noch auf und ab, beobachtete die Jugend ohne Tugend in seinem Abteil und schwang sich zu einer ahnungsvollen Erkenntnis ewiger Gesetze auf. Die beiden jungen Leute betrachtete er als grandios organisierte Zellenstaaten, in denen das Zellenindividuum schon überwunden sei, was den menschlichen Staaten gerade bevorstünde. Und so wie die Termiten, die genau hundert Millionen Jahre älter als die Menschen wären, Staaten bildeten ... Er gähnte und mahnte sich selbst, sich wieder ins Abteil zu setzen.

Dort erzählte die Dame gerade, sie fahre ebenfalls nach Barcelona, wisse jedoch noch nicht, wo sie wohne könne. Paris schätzte sie am meisten, weil man sich dort elegant kleiden könne im Gegensatz zu Duisburg, wo ihr die Arbeiter fanatisch nachschauten. Sie vertrat die Meinung, dass die Juden die Arbeiter gehässig machten. Sie könne keine Juden leiden. Ebenso radikal war sie gegen Linksparteien und obwohl sie damals noch ein Kind gewesen sei, habe sie sich über den Mord an Erzberger gefreut.

Kobler antwortete: „Ich bin auch sehr gegen jede Verständigungspolitik." Schmitz stellte ihn umgehend zur Rede und verließ voller Entrüstung das Abteil, als Kobler lächelnd seine Aussage bestätigte. Diesmal lief Kobler ihm nach. Schmitz konnte es nicht fassen, wo sie doch drei Tage lang über Paneuropa geredet hätten. Kobler erklärte ihm seine Taktik. Er müsse so reden, weil diese Rigmor Erichsen die Tochter eines Großindustriellen und damit seine, symbolisch zu verstehende, reiche Ägypterin sei. Und was überhaupt Schmitz' Paneuropa die Weiber anginge.

Schmitz meinte, sehr viel, und fragte Kobler, ob er schon einmal über die Frauenfrage nachgedacht habe. Aber die interessierte Kobler nicht im Geringsten. Er bat Schmitz, ihn weiter an seinem Plan arbeiten zu lassen. In Barcelona wollte er die Dame kompromittieren, später noch einmal in Duisburg und dann würde er in Papas Firma einheiraten. Ob die Dame für oder gegen Paneuropa sei, wäre ihm wurscht. Darauf würden sich alle herausreden, sagte Schmitz und ließ ihn stehen.

20

Schmitz stand noch auf dem Gang, als sie durch Montpellier fuhren. Kobler und Rigmor unterhielten sich weiter über jene gewissen Marseiller Filme, was sie einander näherbrachte.

Das brachte Schmitz auf den Gedanken, sie zu erschießen, da der arme Alois für solche Menschen gestorben war. Und nun stellte sich die Frage, ob die russische Revolution den Pazifismus gefährdete. Denn hätte es keinen Lenin gegeben, wäre der Pazifismus kein Problem für gebildete Menschen. So aber müssten sie den Pazifismus einer Revision unterziehen. Obwohl er an ein Paneuropa glaubte, gab er den Sowjets Recht, dass die paneuropäische Idee wie jede andere auch von der Bourgeoisie täglich verfälscht würde. Ebenso war ihm bewusst, in einer Scheinkultur zu leben. So musste er skeptisch bleiben und sich fragen, was er noch auf der Welt zu suchen hätte, wenn eines Tages die Skepsis verboten würde.

21

Noch vor Spanien beruhigte sich Schmitz, nahm wieder Platz im Abteil und schlief zumindest bis Portbou an der spanischen Grenze. Dort mussten sie abermals umsteigen. Da der Anschlusszug keine Waggons zweiter Klasse hatte und Kobler natürlich mit Rigmor erster Klasse fuhr, trennten sie sich, denn Schmitz wählte aus Protest gegen den staatlichen Nepp die dritte Klasse.

In Barcelona stiegen alle drei im gleichen Hotel ab. Es war ein Wolkenkratzer in der Nähe der Weltausstellung. Schmitz erhielt lediglich eine fensterlose Kammer mit Bett und Waschtisch. Koblers Zimmer dagegen schien mit seinen zwei Fenstern geradezu ein Apartment zu sein. Doch Kobler interessierte nicht der Ausblick auf das Ausstellungsgelände. Während er sich wusch und rasierte, ging er noch einmal eiskalt berechnend seinen Plan zur Eroberung Rigmors durch. Beim Kämmen erinnerte er sich an Schmitz' Vorwurf, die junge Generation habe keine Seele. Das hielt er für Quatsch. Er fand es nur wichtig, ehrlich zu sich selbst zu sein, und das bedeutete für ihn, die Dinge so zu sehen, wie sie halt sind.

22

Als Erstes gingen die drei Herrschaften in die Weltausstellung. Rigmor las die einleitenden Worte aus ihrem Katalog laut vor, was Schmitz damit kommentierte, dass es sich dabei um eine politische Demonstration handele.

Im Autopalast musste Kobler beim Anblick eines Cabriolets mit Notsitz an Portschinger denken, den er übers Ohr gehauen hatte. Ihm wurde klar, mit solch einer Einstellung ließe sich kein Paneuropa realisieren. Im Palast des Königlich Spanischen Kriegsministeriums führte Kobler seinen Gedanken aus. Wenn Deutschland militärisch genau so gut gerüstet wäre wie offensichtlich Spanien, wäre es ein Leichtes, die Vormachtstellung in Europa zurückzugewinnen. Und dann könnte man Cabriolets in die ganze Welt nach seiner Portschinger-Methode verkaufen. Doch ohne Waffen gehörte diese Idee ins Land der Utopie. Insofern läge Schmitz mit der paneuropäischen Idee vermutlich richtig.

Nachdem sie noch einige andere Ausstellungen besucht hatten, fuhren sie mit dem Bus zum Restaurant Miramare auf dem Mont Juich. In diesem sehr vornehmen Lokal fühlte sich

Rigmor im Gegensatz zu den Herren wie zu Hause. Schmitz war es peinlich, gleich von vier Kellnern den Stuhl unter den Hintern geschoben zu bekommen, und Kobler erbleichte beim Lesen der Preise und dachte etwas sehr Unhöfliches. Schmitz verstand und sagte bloß, sie sollten bestellen, was sie wollten. Denn von ihr oben hatte man eine himmlische Aussicht auf die Stadt, und die fleißigen Arbeiter im Hafen sahen so unglaublich winzig aus, dass man meinen könnte, man wäre der liebe Gott persönlich.

Zum Abschluss des Tages gingen sie in den Vergnügungspark, weil Rigmor Achterbahn fahren wollte. Und vor den Toren der Weltausstellung schaute das Volk, das sich den Eintritt nicht leisten konnte, dem Fortschritt von draußen zu – solange es nicht von der Polizei verscheucht wurde, weil es den Autos im Wege stand.

23

Das Spanischste in Spanien ist natürlich der Stierkampf, ein wahrer Publikumsmagnet. Rigmor konnte es kaum erwarten, mit dabei zu sein. Im Laufe der streng nach Plan durchgeführten Tortur heftete sie ihren Blick jedoch bald an Kobler. Nicht etwa, dass sie Mitleid mit dem Stier gehabt hätte, der Höllenqualen litt. Nein, sie hatte Angst, den prachtvollen Kämpfern könne etwas zustoßen.

Für Schmitz war die blutige Show, bei der die grotesken Zuckungen des Stiers höhnisch verlacht und die eleganten Bewegungen der Toreros allseits bejubelt wurden, der reinste Lustmord. Es war höchste Zeit, seinen Artikel gegen die Vivisektion zu schreiben. Er zog das Fazit, wir Menschen hätten aufgrund unserer Bestialität zu Recht den Weltkrieg gehabt. Seiner Beurteilung nach sollte der Völkerbund gegen das Aufgeilen dieser Spanier am Todeskampf eines edlen und nützlichen Tieres einschreiten.

Kobler erlebte das Spektakel ambivalent. Einerseits hielt er den Corrida de toros für eine Schweinerei, andererseits war er von den Stierkämpfern, die sogar vom König empfangen wurden und denen die Weiber nachliefen, stark beeindruckt. Er fragte Rigmor: „Möchten Sie, dass ich Torero wär?“ Das verneinte sie erschrocken. Dann lächelte sie plötzlich. Ihr schien etwas Ungehöriges eingefallen zu sein, denn sie schmiegte sich noch enger an ihn.

24

Am nächsten Morgen schrieb Schmitz beim Frühstück einen Artikel gegen die Vivisektion und einen für Paneuropa. Als Kobler den Raum betrat, begrüßte er ihn mit den Worten, er arbeite gerade an der Völkerverständigung. Zu seiner Überraschung antwortete Kobler, man könne sich leicht verständigen, wenn es nur nach der Vernunft ginge. Aber die Gefühlsmomente spielten dabei eine entscheidende Rolle.

Schmitz glaubte, Kobler sei mit ihm der Meinung, man müsse die Idee der Verständigung in die große Masse der Gefühlsmenschen tragen. Aber Kobler hatte von sich gesprochen. Er könne zum Beispiel kein Friedensgefühl aufbringen, wenn er an den polnischen Korridor denke. Und überhaupt wollte er von etwas Interessanterem reden, nämlich dass er die Nacht mit Rigmor verbracht habe. Seine Taktik sei halt die richtige. Schmitz betonte, auf das Körperliche käme es bekanntlich nicht allein an, und wollte wissen, ob Rigmor sich wirklich in ihn verliebt hätte. Kobler war sich seiner Sache völlig sicher.

Schmitz warf ein, das Weib sei trotz der Psychoanalyse eine Sphinx. Das brachte ihn auf eine Idee. Er entschuldigte sich bei Kobler und begann eine humoristische Schnurre fürs Feuilleton zu schreiben mit der Überschrift: „Die kleine Rigmor läuft mir nach.“ Motto: „Und grüß mich nicht Unter den Linden!“

25

Kobler wurde plötzlich ins Konservationszimmer gebeten. Dort beichtete ihm Rigmor, dass in Kürze ihr offizieller Bräutigam, der Millionär und Kunstmaler Alfred Kaufmann aus Milwaukee, im Hotel eintreffen werde. Sie hatte ihn erst in vierzehn Tagen erwartet, weil er sich wegen seiner Hemmungen, die ihn daran hinderten, künstlerisch zu malen, in Zürich mindestens vier Wochen lang behandeln lassen wollte.

Sie vergoss ein paar Tränen und erklärte Kobler, sich auf diese vierzehn Tage mit ihm wirklich gefreut zu haben. Leider müsse sie Kaufmann heiraten, allein schon deswegen, weil ihr Vater dringend amerikanisches Kapital benötige. Deutschland sei halt ein armes Land und ihr Papa leide unsagbar unter der Sozialversicherung.

Kobler fühlte seine Niederlage in der Entscheidungsschlacht nahen. Gegen die Übermacht USA hatte er trotz seiner überlegenen Taktik und kongenialen Strategie keine Chance. Da trat auch schon Mister Kaufmann ins Zimmer. Rigmor stellte ihm Kobler als Jugendfreund aus Deutschland vor. Kaufmann fragte als Erstes, ob er auch Kunstmaler sei. Gott bewahre! Und wie ginge es Deutschland? Schlecht! Und wie denke er über Kunst, die Liebe und Gott? Kobler schob vor, fürchterliche Kopfschmerzen zu haben und heute gar nichts denken zu können. Dann ging er.

26

Kobler fuhr noch am selben Tag nach Hause. Bei Schmitz, der ihn zur Bahn begleitete, beklagte er sich bitterlich, seine ganzen 600 Reichsmark für einen großen Dreck ausgegeben zu haben. Schmitz meinte, mit Amerika könne man eben nicht konkurrieren, und er wäre doch um eine wertvolle Erfahrung reicher, nämlich der Erfahrung am eigenen Leibe, wie brutal die Vorherrschaft Amerikas sei. Damit wollte Schmitz ihn wieder für Paneuropa gewinnen.

Bis zur deutschen Grenze fand Kobler keinen Mitreisenden, mit dem er sich auf Deutsch hätte unterhalten können. Auf der ewig langen Fahrt dachte er an die letzte Begegnung mit Rigmor. Seine Erinnerung nahm allmählich politische Züge an, in der sich Rigmor zu einer armen Europäerin auswuchs, die sich nach Übersee verkaufen musste, um ihren dahinvegetierenden Papa zu retten. Aus dieser finsteren Vorstellung entwickelte sich ein inniger Groll gegen alle europäischen Grenzen. Zur Demonstration seines Gesinnungswandels kaufte er an der deutschen Grenzstation alle erhältlichen französischen, englischen und italienischen Zeitungen, obwohl er sie nicht lesen konnte.

Kurz vor München traf er endlich auf einen älteren Herrn, dem er die politische Dringlichkeit des Zusammenschlusses Europas auseinandersetzen konnte. Doch anstatt ihn zumindest ausreden zu lassen, überschwemmte ihn dieser Herr mit hasserfülltem, nationalistischem Geschwafel. Wegen seiner unglücklichen Ehe mit einer Französin war er davon überzeugt, die Franzosen in- und auswendig zu kennen. Die gehörten für ihn allesamt vergast. Er fragte Kobler, ob er etwa an Paneuropa glaube. Das kränkte Kobler. Er antwortete, keine Zeit mehr für die Blödheiten des Herrn zu haben.

Schlecht gelaunt verließ er das Abteil. Auf dem Gang stand ein Herr, der einer Unterhaltung nicht abgeneigt zu sein schien und gleich über das schöne Wetter zu plaudern anfing. Ungeduldig unterbrach ihn Kobler mit der fast kriegerisch klingenden Mitteilung, absoluter Paneuropäer zu sein. Der Herr hörte ihm aufmerksam zu. Nachdem Kobler alles, was er zu sagen hatte, losgeworden war, stimmte ihm der Herr in puncto Völkerverständigung zu. Allerdings müsse sich das richtige Paneuropa erst noch entwickeln wegen der feindseligen Gefühlsduseleien, die die Atmosphäre zwischen den Ländern vergifteten, siehe Bayern und Preußen. Bei dem Wort „richtig" lächelte der Herr sehr eigenartig. Er meinte, dieses Wort wäre man ebenso oft gezwungen zu gebrauchen wie „sozialer Aufstieg" statt „Befreiung des Proletariats".

München kam in Sicht. Da sich der Herr bereits verabschiedet hatte, konnte Kobler nicht mehr herausfinden, wer und was dieser Herr eigentlich war.

Zweiter Teil: Fräulein Pollinger wird praktisch

1

Während Kobler verreist war, ereignete sich in der Schellingstraße nichts Besonderes – bis auf eine Ausnahme. Anna Pollinger verlor ihre Stelle. Die Kraftwagenvermietung „National!"

musste ihr wegen Auflösung des Betriebs kündigen. In ihrem Zeugnis stand, die Firma sei ein Opfer der deutschen Not geworden.

2

Annas Vater hatte ihre Mutter früh verlassen, die daraufhin verbittert wurde und keiner Seele etwas gönnte. Bei ihrem Tod kurz nach Kriegsende kam bei Anna keine Trauer auf. Seitdem schlief sie bei ihrer Tante in der Küche, bis eines der beiden untervermieteten Zimmer frei wurde und sie neben Herrn Kastner einziehen konnte. Als die Tante von Annas Kündigung erfuhr, schimpfte sie fürchterlich auf die Nachkriegszeit.

Anna war schon öfter arbeitslos gewesen. Das letzte Mal im Dezember. Damals hatte Kastner der Tante erzählt, er habe Beziehungen zum Film und es hinge nur von der lieben arbeitslosen Nichte ab. Das war gelogen. Er hatte anderes im Sinn. Im August war er mit Anna ins Kino gegangen, um sie zu begrapschen. Anna hatte ihn wegen seiner gruseligen Stiftzähne abgewehrt. Kastner hatte sich über ihr Verhalten empört. Was sie denn gedacht habe, wenn man ein Fräulein in einen Großfilm einlädt!

3

An jenem Abend ging Anna früh zu Bett. Sie hörte Kastner nebenan sprechen, so als würde er etwas auswendig lernen. Plötzlich stand er vor ihrem Bett wie jemand, der eine Ware im Schaufenster begutachtet, aber mit seltsam offizieller Miene. Dann begann er mit einer längeren Rede, wobei er sich sehr gewählt ausdrückte.

Eigentlich hatte Kastner Journalist werden wollen, aber seiner Mutter zuliebe, die wegen ihrer Zahnprobleme Zahntechniker für Wohltäter hielt, war er – der Krieg war gerade ausgebrochen – Militärzahntechniker geworden, wenngleich kein Wohltäter. Dafür haperte es bei ihm an Präzision. Nach dem Krieg wollte er seiner leichtlebigen Natur folgen und abermals Journalist werden, landete jedoch über die Beziehung zu einem Hilfsregisseur beim Film, wo er als Statist zum Einsatz kam und einmal sogar eine kleine Rolle erhielt. In dem Film wirkte eine minderjährige Darstellerin mit, die er nackt fotografierte, was ihm den Rauswurf beim Film bescherte.

Was er mit Anna vorhatte, ging in ähnliche Richtung. Zur Vorbereitung klärte er sie als erfahrener Experte in diesen Dingen darüber auf, dass es unnahbare Frauen nur in Märchen und Sagen oder Irrenhäusern gäbe. Sie sei keine kalte Schönheit, sondern ein stilles Wasser. Anna fragte, was ihn das anginge. Kastner erwiderte, nur an ihre Zukunft zu denken. Zukunft! Die machte Anna schon ziemlich Angst.

Kastner bemerkte es lächelnd und beteuerte, es nicht mit ansehen zu können, dass sie sich trotz Arbeitslosigkeit an Typen wie Kobler hänge anstatt ihre Sinnlichkeit produktiv zu gestalten. Er denke nicht an Prostitution, nur bitte er sie um ihretwillen, praktischer zu werden. Praktischer? Nach einem Moment der Verwirrung kam Anna ins Grübeln. Kastner fuhr fort. Seit es Götter und Menschen bzw. Herrscher und Beherrschte gäbe, gelte der Satz: „Am Anfang war die Prostitution!“ „Diskretion Ehrensache!“, fügte er hinzu und schnitt ein ehrliches Gesicht.

Allmählich steuerte er auf sein eigentliches Anliegen zu. Er bot ihr an, beim Radierer Achner als Aktmodell zu arbeiten, wo sie spielend leicht zehn Mark verdienen könne und prächtige Entfaltungsmöglichkeiten hätte. Denn in dem Atelier verkehrten Herren aus den besseren Kreisen und es täte ihm geradezu weh, wie derart unpraktisch sie ihre Naturgeschenke verschleudere.

Von den eigenen Worten tief ergriffen, sagte er, bei der Sache radikal selbstlos zu denken. Dabei war das Gegenteil der Fall. Sofort nachdem er von Annas Arbeitslosigkeit erfahren hatte, war er zu Achner geeilt und hatte ihm ein preiswertes Modell angeboten, das auch einen kleinen Spaß verstehen würde. Und da Achner tatsächlich ein Modell suchte, war er gleich einverstanden gewesen.

Anna schwieg. Dann fiel ihr plötzlich ein, es war halt Weltkrieg gewesen und den könne und dürfe man sich nicht wegdenken.

4

Anna hatte Kastner versprochen, morgen zu Achner zu gehen. Zehn Mark waren viel Geld und gegen das Modellstehen war nichts einzuwenden. Nur das „Praktischwerden" wollte sie sich genau überlegen, weil arme Mädchen schnell auf die schiefe Bahn gerieten und von dort nie zurückkehrten.

Andererseits klang es sehr verlockend, in besseren Kreisen zu verkehren. In ihrem Kopf spielte sich ein Theater mit unheimlichen Herren und Bekannten ab, mit denen sie einmal Sex gehabt hatte. Und jede Szene führte sie Schritt für Schritt zu der Einsicht: „Es dreht sich halt alles um das Geld". Da fragte sie einer ironisch nach Kobler. Anna gestand wütend, der sei in Barcelona anstatt ihr mit Geld auszuhelfen. Zum Schluss trat ein Herr im Frack aus der Ecke und sagte: „Du hast jetzt endlich praktisch zu werden, Fräulein!“

5

Anna suchte Achner im Atelier auf, wo Chaos herrschte. Auf einem Hausaltar thronte ein Buddha. Achner war nämlich Buddhist geworden, weil sein Gott nicht gekreuzigt worden sei, sondern ständig seinen Nabel betrachte. Überhaupt verachtete er die Spießbürger, weil sie sich nichts aus wahrer Kunst machten. Nur wenn er von seiner Mutter und seinem schönen Heim träumte, fragte er sich, ob er nicht doch besser Spießbürger geworden wäre. Dieser Gedanke belastete ihn schwer, vor allem wenn er allein war. Stille konnte er schlecht ertragen.

Es gab etwas in seinem Wesen, das an seinen Onkel Eugen Meinzinger erinnerte, der gern auf Kinderspielplätzen gewesen war. 1908 war er nach einem furchtbaren Todeskampf gestorben, in dem er wirres Zeug von sich gegeben hatte wie so Sachen, er hätte das kleine Mizzilein nicht in den Kanal gestoßen und der Satan säße auf dem Diwan.

6

Anna zog sich hinter der spanischen Wand aus. Sie genierte sich nicht, denn aus einer Broschüre über den Geist der Antike, die ihr Kastner mal aufgedrängt hatte, wusste sie, das Schamgefühl bloß eine schamlose Erfindung des Christentums sei.

„Wir alle opfern auf dem Altare der Kunst“, schwafelte Achner. Das weckte Annas Groll auf die Kunst. Zum Beispiel die Bilder in Museen, die bestaunt wurden, als hätten sie weiß Gott was geleistet, würden doch ein vornehmes, sorgenfreies Leben führen. Während Achner seine Freude kundtat, dass sie kein Berufsmodell sei, weil er als krasser Individualist Arbeit nach Schema ablehne und jener „unsichtbaren Loge" wahrer Geister angehöre, die sich bereits über ihre Zeit erhoben hätten, erinnerte sich Anna an ein Erlebnis in der Glyptothek.

Da hätten die Leute alte Steintrümmer so andächtig angeglotzt, als stünden sie vor einem Delikatessengeschäft. Sie war ja nur ins Museum gegangen, weil es stark geregnet hatte. Und immerhin lernte sie dort einen Mann aus Augsburg kennen, der sie ins Kino einlud, ohne schmutzige Absichten. Nach der Vorstellung begleitete sie ihn zum Zug. Beim Abschied weinte er fast und meinte, verflucht zu sein. Er hatte mit zwanzig geheiratet, drei Kinder bekommen, als Kaufmann seine Familie versorgt und dafür sein Talent zum Bildhauer aufgegeben.

7

Zum Modellstehen kam es dann doch nicht. Achner bekam Besuch von Harry Priegler, einem international bekannten Eishockey-Spieler. Obwohl er, Sohn eines Metzgers, kaum etwas für Kunst übrighatte und seine Bildung hauptsächlich aus Kalendersprüchen stammte, fand Achner ihn nicht unsympathisch, denn er nahm ihn oft in seinem rassigen Sportwagen mit.

Die beiden Herren unterhielten sich leise. Dennoch bekam Anna einiges mit. Harry erzählte von jemandem, der sich aus Liebe zu einer verheirateten Baronin auf dem Grab seiner Mutter erschossen hätte. Anna konnte das ebenso wenig verstehen wie Harry. In der Zeit ihrer großen Liebe zu Brunner hatte sie zwar einmal mit dem Gedanken gespielt, aber das kam ihr nun kindisch vor.

Erst jetzt begriff sie, was Brunner damals damit gemeint hatte, eine Frau könne außer seiner Liebe nicht auch noch seine Seele verlangen, denn jede tiefere Liebe münde bekanntlich in Schmerz. Und Kinder hatte er nie gewollt. Davon liefen schon zu viele herum.

Nun hatte es Anna fast zu eilig, von Harry zu einem Ausflug an den Starnberger See eingeladen zu werden.

8

Eigentlich sollte Kastner für die Vermittlung von Anna Geld bekommen. Doch da Achner unter anderem bei Harry vierzig Reichsmark Schulden hatte, musste er ihm entgegenkommen und sein Ehrenwort, das er Kastner gegeben hatte, brechen. Kastner verstand das aus kaufmännischer Sicht und nahm es ihm nicht übel. Er war nämlich wieder in dieser großzügigen Laune wie an manchen Tagen und hatte eine Flasche Prunelle mitgebracht.

Er meinte, Anna sei ja ganz gerührt gewesen, dass er ihr den Job besorgt habe. Dabei starrte er einen Fettfleck auf der spanischen Wand an und malte sich ein Treffen von zwei weiteren Fettflecken auf der Schellingstraße aus, die aneinander vorbeigingen und von einem dritten daran erinnert werden mussten, früher befreundet gewesen zu sein.

Es wurde kaum gesprochen im Atelier. In diese Stille rezitierte Achner ein Gedicht über die Einsamkeit und Kastner sinnierte angesichts seiner bulgarischen Zigaretten, die wegen der hohen Steuern keinen echten Tabak enthielten, den Feldzug umsonst verloren zu haben, gab sich damit aber zufrieden. Es störte ihn nicht einmal, dass der Prunelle leer getrunken war.

9

Anna genoss die Fahrt im Sportwagen. Das war etwas anderes als auf einem Motorrad mitzufahren. Harry fuhr wie ein Herrenfahrer und erzählte ausnahmsweise nicht vom Eishockey, sondern sprach davon, an jedem Autounfall sei bestimmt irgendein Fußgänger schuld. So hätte ein Freund von ihm einmal eine Fußgängerin überfahren, die bei Rot über die Straße gelaufen wäre, und trotzdem sei es zum Prozess gekommen. Dafür hatte er kein Verständnis. Anstatt die Fußgänger mütterlich zu beschützen und damit die Herrenfahrer zu Staatsbürgern zweiter Klasse zu degradieren, sollte der Staat dafür sorgen, dass mehr gearbeitet würde.

Sie fuhren durch Possenhofen, dem Geburtsort einer Kaiserin von Österreich, und erblickten den Starnberger See, in dem ein König von Bayern ertrunken war. Auf der Roseninsel hatten die beiden Majestäten ein romantisches und unglückliches Treffen gehabt. So vornehm war die Gegend. Zum Essen wollte Harry nach Feldafing. Dort sei das Publikum dank des Golfplatzes annehmbar. In der Stadt gäbe es kaum noch Möglichkeiten zu essen, weil überall ein Arschgesicht säße. Und seit Tutzing eine Fabrik habe, könne man dort auch nicht mehr hin. Überall treffe man auf Arbeiter.

10

Die Gäste im Seerestaurant zu Feldafing sahen alle sehr vornehm aus. Die Herren legten Wert auf einen eigenen Stil und ähnelten trotzdem Harry. Die Damen wirkten sehr gepflegt, redeten aber dummes Zeug. Die Speisen auf der Karte sagten Anna nichts, obwohl sie deutsche Namen hatten. „Königinsuppe?“, fragte der Kellner. Annas Magen knurrte. Der Kellner blickte verächtlich auf ihren billigen Hut. Vornehme Leute gingen bekanntlich satt ins Restaurant, um zu zeigen, es in ihren geistigen Sphären gar nicht mehr nötig zu haben, zu essen.

Harry ließ zwei Wiener Schnitzel mit Gurkensalat kommen, lehnte seines jedoch ab. Das Fleisch war ihm zu dick. Stattdessen verlangte er russische Eier. Nun wollte er von Anna wissen, warum er bei Frauen so viel Glück habe. Er könne jede Frau haben, aber das sei halt nicht das Richtige.

Sein Plan war, bis zur Dunkelheit zu warten und dann mit Anna in einen Seitenweg abzubiegen. Falls sie sich weigerte, würde er sie einfach rauswerfen. Um bis dahin weiter Konversation zu machen, erzählte er ihr, welche der anwesenden Damen er schon gehabt habe, und noch von weiteren Affären. Ein befreundeter Artilleriehauptmann wollte einmal ganz ehrlich von ihm wissen, ob er ihn mit seiner Frau betrüge, was er bejahte. Er fürchtete schon, sich duellieren zu müssen. Aber der Freund verstand ihn nur zu gut, weil seit ewigen Zeiten die Frau der aktive Teil wäre und der Mann der passive Teil und nicht umgekehrt.

11

Harry fuhr bis zu einer Lichtung im Forstenrieder Park und schwieg lange. Anna sagte, sie müsse um neun in der Schellingstraße sein, worauf Harry fragte, ob sie denn gar nicht fühle, dass er sie wolle. Sie sagte nein. Auch ihm war in Feldafing aufgefallen, wie wenig sie ihn erregte. Aber da er sie in seinem Sportwagen mitgenommen und die Rechnung im Restaurant bezahlt hatte, fühlte er sich verpflichtet, sie zu besitzen. Andernfalls hätte er sich geneppt gefühlt.

Als sich Harry an ihr zu schaffen machte, erinnerte sich Anna an die Ermahnung des Herrn im Frack, endlich praktisch zu sein. Mit einer Stimme, die einer neuen Anna zu gehören schien, forderte sie von Harry zehn Mark. Nach einem Moment grausamer Stille sagte Harry fünf und führte sie zu einer Bank, auf der „Nur für Erwachsene" stand.

Lange hatte Anna darüber nachgedacht, doch die Ungerechtigkeit war geblieben. Also nahm sie das Fünfmarkstück und ließ es über sich ergehen. Ohne Gefühle, als sei sie schon tot.

Dritter Teil: Herr Reithofer wird selbstlos

1

Anfang November wollte ein Kriminalbeamter eigentlich zu Kastner, um ihn wegen gewerbsmäßiger Verbreitung unzüchtiger Schriften und eines fahrlässigen Meineids zu verhaften. Aber da Kastner im Café saß, nahm er die Gelegenheit wahr, Annas Tante, eine alte Schulfreundin, darüber zu unterrichten, ihre Nichte wäre bereits aktenkundig geworden, weil sie es für Geld tat. Darüber regte sich die Tante maßlos auf. Er versuchte sie damit zu beruhigen, dass man nicht alle Freudenmädchen verdammen könne. Zum Beispiel habe er eine Bekannte, die nur an solche Mädchen vermiete, weil sie die Miete pünktlich zahlten und die Möbel pfleglich behandelten. Vergebens. Die Weltanschauung der katholischen Tante zwang sie, Anna rauszuwerfen und jeden Kontakt zu ihr abzubrechen.

Auch mit Kobler hat Anna nie wieder gesprochen. Als sie ihn an einer Ecke mit Graf Blanquez stehen sah und auf ihn zuging, wandte er ihr ostentativ den Rücken zu. Zu Blanquez meinte er, diesen Verhältnissen schon etwas entwachsen zu sein und von seinem Niveau nicht mehr absteigen zu wollen. Als der Graf ihm erzählte, Anna habe von Harry fünf Mark dafür verlangt, sagte er, das wären halt diese fürchterlichen Zeiten und wenn sich Europa nicht einige, gingen sie noch alle zugrunde.

Beinahe wäre Anna an diesem Abend auf der Wache gelandet. Ein Waffenstudent hatte ihr ins Gesicht gespuckt, weil sie ihn angemacht hatte. Am liebsten hätte sich Anna nie wieder mit einem Herrn eingelassen. Aber die Natur – in ihrem Fall der Hunger – forderte ihr Recht. Und so begann Anna, nur an das Böse in der Welt zu glauben.

2

Vor dem Arbeitsamt lernte Anna Herrn Reithofer kennen, der schon ewig lang nach Arbeit suchte. Nun freute er sich, wenigstens jemanden zum Reden gefunden zu haben. Ein Bayer sei er nicht, erzählte er, sondern Österreicher. Anna erwiderte, aus der Oberpfalz zu stammen und schon seit zwei Monaten arbeitslos zu sein. Während sie plauderten, zog die Reichswehr mit Musik vorbei. Bei ihrem Anblick sagte Reithofer, der beste Wille könne nichts gegen stärkere Gewalten ausrichten. Anna wollte ihn auf ein heiteres Thema lenken. Er solle lieber in den Himmel schauen, wo gerade ein Doppeldecker flog. Ohne ihrem Rat zu folgen, sprach er länger über den technischen Fortschritt, der ihn einerseits faszinierte. Andererseits machte er ihm Sorgen. Zum Beispiel hätte ein Amerikaner den künstlichen Menschen erfunden und wenn das so weiterginge, würden die echten Menschen zugrunde gehen.

Anna dachte, dass er sie mit jemandem verwechselte, wagte jedoch nicht, das anzusprechen. Stattdessen fragte sie ihn nach seinem Beruf. Kellner, sagte er, und wenn es keinen Anschlag auf den österreichisch-ungarischen Thronfolger in Sarajevo gegeben hätte, dem Auslöser des Weltkriegs, wäre er jetzt sicher in einem Grand-Hotel in Afrika und könnte unter Palmen wandeln. Anna gestand, sich mit den historischen Details nicht auszukennen. Sie sei damals erst vier Jahre alt gewesen. Auch denke sie lieber nicht an die Inflation, wo auch sie Billionärin gewesen sei, denn in der Zeit sei ihre liebe Mutter gestorben, die sie eigentlich nie richtig geliebt habe. Oft hätte sie das Gefühl gehabt, die Mutter denke: „Warum lebt das Mädel?“

Darauf entgegnete Reithofer, jeder Mensch habe Verwandte, von denen er etwas erbe, auch Eigenschaften wie Genie. Doch leider würden die meisten zu Nummern. So traurig es sei, nur wenige ließen sich nicht alles gefallen.

Auf dem Sendlinger-Tor-Platz fragte er sie nach ihrem Beruf. „Eigentlich hab ich das Nähen gelernt“, antwortete sie. An das andere dachte sie allerdings auch. Ob dieser feine Arbeitslose wohl drei Mark dabeihatte? Sie testete es gleich aus, indem sie sagte, sie wolle da drüben ins Kino gehen.

Reithofer fühlte sich überrumpelt und kalkulierte. Er hatte nur noch einen Zehnmarkschein und als Österreicher bekam er kein Arbeitslosengeld. Anna wiederholte sanft ihre Bitte. Da sagte er sich, auf die zwei Mark käme es auch nicht mehr an und freute sich, Anna eine Freude machen zu können. Leider war der Film kein Western, wie erhofft, sondern ein Gesellschaftsdrama über eine Millionärin, die durch die Welt reist, aber überall unglücklich ist und zum Schluss ins Wasser geht.

Im dunklen Kino hatte sich Anna geborgen gefühlt und vergessen können. Reithofer nutzte grundsätzlich solche Situationen nicht aus. Doch beim Verlassen des Kinos empfand er Gefühle für sie. Anna plante indessen, ihn vor die Alternative zu stellen, falls er mehr wollte. Das Nette an Männern konnte ja auch eine Kriegslist sein. Und so sagte sie, als Reithofer vorschlug, noch ein wenig in die laue Novembernacht zu spazieren, ihren unerbittlichen Spruch auf: „So einfach geht das nicht!"

„Wieso?", fragte Reithofer naiv. Anna nannte den Grund und wartete schadenfroh auf einen Wutausbruch. Doch Reithofer war nur enttäuscht, dass sie eine Solche war. Lange schaute er sie resigniert an, was Anna fast unheimlich war. Beim Abschied sagte er, dass er sie nicht verachte, es aber gemein von ihr finde, sich von einem Menschen in seiner wirtschaftlichen Lage ins Kino einladen zu lassen.

3

In sich gekehrt ging Reithofer die Sendlinger Straße hinab, dachte über das Mistvieh Anna und andere Frauen nach und kam zu dem Schluss, dass ihr berechnendes Wesen aus ihrer Sklavennatur käme, wofür sie nicht verantwortlich seien, weil Männer jahrtausendelang alles für die Weiber bezahlt hätten.

Im Schaufenster eines Fotografen betrachtete er das Porträt einer hässlichen Familie und dachte, es wäre gut, einmal eine eigene Familie zu haben. Aussterben sei doch etwas Trauriges. Ohne zu ahnen, warum, erinnerte er sich an Blinde, die sagen:

„Sie müssen mich ansehen, wenn ich mit Ihnen spreche. Es stört mich, wenn Sie anderswohin sehen, mein Herr!“

Es war dunkel geworden, aber Reithofer wollte nicht nach Hause gehen. An Schlaf war nicht zu denken. Und als er ein Bierlokal entdeckte, beschloss er, noch dreißig Pfennig für ein Bier zu riskieren.

4

Das Lokal war gut besucht. Beim Zeitunglesen begrüßte ihn plötzlich eine Dame: „Guten Abend, Herr Reithofer!“ Offensichtlich kannte sie ihn, nur wusste er nicht, woher. Sie freute sich sehr, ihn wiederzusehen und setzte sich zu ihm an den Tisch. Sofort erzählte sie ihm, dass sie seit Mai in München sei, aber bald nach Köln ginge, weil es dort besser für sie sein solle. Nicht jede Ausstellung sei gut für sie. So habe sie zum Beispiel auf der Gesolei in Düsseldorf vergeblich Kavaliere vor einem Pavillon angesprochen und sich vom Aufseher erklären lassen müssen, dass es in dem Pavillon um Geschlechtskrankheiten ginge. Da hätte sie am liebsten geheult. Solche Ausstellungen hätten doch gar keinen Sinn.

Während sie pausenlos redete, fiel Reithofer auf einmal ihr leichtes Schielen auf. Und da fiel ihm ein, sie müsste die Frau von Karl Swoboda sein, einem Kollegen, der in Montenegro gefallen war. Genau in dem Moment sagte die Dame, sie habe sich beim Tod ihres Mannes gefragt, ob der arme Reithofer vielleicht auch gefallen sei. Deshalb freute sie sich nun umso mehr.

Die Toilettenfrau, die wegen ihrer guten Ratschläge von den Gästen Großmama genannt wurde, folgte ihrer mütterlichen

Neigung und setzte sich zu Gretchen Swoboda, die Herrn Reithofer wie einen großen Bruder behandelte. Wenn sie wie im Moment nichts zu tun hatte, wollte sie gern mehr von den Gästen erfahren.

Gretchen und die Großmama unterhielten sich darüber, wie schlimm es besonders für Offiziere sei, den Krieg verloren zu haben. Reithofer meinte, auch er, der kein Offizier sei, hätte unter der schlimmen Lage zu leiden. Seit Ewigkeiten wäre er arbeitslos und es gäbe keine Aussicht auf Besserung.

Wenn Herr Reithofer ein Fräulein wäre, wüsste er sofort eine Arbeit, mischte sich ein älterer Herr ein. Misstrauisch fragte Reithofer, wie das zu verstehen sei. Der Herr antwortete, gute Beziehungen zum Inhaber eines Schneidersgeschäfts in Ulm zu haben, da dieser Kommerzienrat ein Kind mit seiner Tochter hatte, wovon die Frau Kommerzienrat natürlich nichts wissen durfte. Und der suche eine Schneiderin.

Ohne weiter auf Reithofer zu achten, verwickelte der ältere Herr, ein talentierter Pianist, dann die Großmama in ein nicht enden wollendes Gespräch. Sie war es bald leid und dachte, er solle lieber einen Walzer spielen.

5

Reithofer hatte natürlich sofort an das Mistvieh vom Nachmittag gedacht, als er von der freien Stelle als Schneiderin gehört hatte. Für sie könnte das die Rettung sein und er müsste ihr vorkommen wie der Kaiser von China. Aber das war er nicht. Er war ein Mistvieh und der ältere Herr wahrscheinlich auch. Als die Swoboda bemerkte, wie schön es gewesen sei, dass der Herr ihm hätte helfen wollen, fiel ihm plötzlich ein, den hatte es gar nicht interessiert, ob er ein Mistvieh wäre. Das brachte ihn auf den Gedanken, wie unanständig es doch sei, jemandem nicht zu helfen, wenn man es könnte. Überhaupt sollten sich alle Mistviecher mehr helfen.

Also sprach er den älteren Herrn auf die freie Stelle an. Er kenne eine erstklassige Schneiderin. Und als wäre das nicht schon Empfehlung genug, log er obendrein, der Herr würde ihm mit der Vermittlung persönlich einen großen Gefallen tun. Der hielt das jedoch nicht der Rede wert und telefonierte mit dem Kommerzienrat, der gerade in München war. Dann gab er wie im Siegesrausch bekannt, das Fräulein könne die Stelle sofort antreten, wenn sie sich morgen Punkt sieben Uhr dreißig im Hotel „Deutscher Kaiser“ meldete, denn um acht Uhr würde der Kommerzienrat nach Ulm zurückfahren.

Reithofer fragte, wie er ihm danken solle, doch dieser seltene Mensch meinte nur lächelnd, eine Hand wasche die andere und vielleicht würde mal der Herr Reithofer in die Lage kommen, ihm – er war Vertreter – eine Stelle als Masseuse anzubieten.

6

Erst kurz vor halb zwei entdeckte Reithofer Anna auf der Straße. Er trat von hinten an sie heran und kam sich so edel und gut vor, dass er sich selbst leidtat. Anna erschrak bei seinem „Guten Abend, Fräulein!“ und brachte kein Wort heraus. Reithofer teilte ihr mit, wie sie an solide Arbeit käme, und fügte hinzu, das wäre doch der Rettungsring für sie.

Anna konnte nicht an die Echtheit des Kommerzienrats glauben. Da sie ihn nur stumm anstarrte, wiederholte Reithofer seine Worte, die Anna als Gemeinheit verstand. Sie verbat sich geschmacklose Frozzeleien und jede Art von Hohn. Reithofer blieb ruhig. Ihm tat das Mistvieh nun leid.

Anna fing an zu weinen und sagte, das könne es nicht geben, dass ein Mensch, den sie zuvor ausgenutzt hätte, ihr mit einem Rettungsring hinterherliefe. Reithofer schwieg weiterhin und auch Anna sagte keinen Ton mehr. Sie hatte ja bereits angefangen, nur an das Böse in der Welt zu glauben, und nun erlebte sie ein Beispiel für die Existenz des Gegenteils – ein Zeichen für die Möglichkeit menschlicher Kultur und Zivilisation.

Bevor er sie stehenließ, wies er sie darauf hin, dass es auch etwas ohne Verliebtsein gebe, nämlich menschliche Solidarität. Es war ein gutes Gefühl, sich für Anna eingesetzt zu haben. Und so stellte er sich in Gedanken ein Zeugnis darüber aus, ein selbstloses Mistvieh zu sein.

Kurze Vorstellung des Romanautors

Ödön von Horváth, geboren 1901 in Fiume (heute: Rijeka), gestorben 1938 in Paris, war Sohn eines österreich-ungarischen Diplomaten und wuchs in Belgrad, Budapest, München, Pressburg (heute: Bratislava) und Wien auf. Erst 1913 lernte er seine, wie er später sagte, deutsche Muttersprache. Mit vierzehn Jahren schrieb er seinen ersten Satz auf deutsch. Nach dem Abitur 1919 schrieb er sich an der Universität München ein, wo er bis zum Wintersemester 1921/22 psychologische, literatur-, theater- und kunstwissenschaftliche Seminare besuchte. 1920 begann er neben seinem Studium zu schreiben. Ab 1923 lebte er als Schriftsteller in Berlin, Salzburg oder in Murnau am Staffelsee bei seinen Eltern.

Horváth ist hauptsächlich als Bühnenautor bekannt geworden. In seinen dramatischen Werken wie „Italienische Nacht", „Geschichten aus dem Wienerwald" oder „Kasimir und Karoline" hat er das herkömmliche Volksstück neu konzipiert. Sie werfen einen tiefen Einblick in die menschliche Natur. Seine Protagonisten sind keine stereotypen Helden oder Bösewichte, sondern zerrissene Individuen, die mit den Widersprüchen und moralischen Dilemmata ihrer Zeit kämpfen. Im Mittelpunkt stehen die Auswirkungen politischer Umbrüche und sozialer Ungerechtigkeiten auf das Individuum.

Auch seine Romane wie beispielsweise „Der ewige Spießer", „Jugend ohne Gott" oder „Ein Kind unserer Zeit" zeugen von Horváths scharfsinniger Beobachtungsgabe und seinem Talent, gesellschaftliche Missstände und ethische Konflikte lebensnah zu thematisieren.

Inhaltsangabe

„Der ewige Spießer", erschienen 1930, ist Horváths erster veröffentlichter Roman. Er besteht aus einem längeren und zwei kurzen Teilen, die über die Hauptfigur des zweiten Teils, Anna Pollinger, und den primären Handlungsort München lose miteinander verbunden sind. Wie dem Vorwort zu entnehmen ist, hat Horváth beobachtet, dass zu seiner Zeit der alte Typ des Spießers nicht mehr interessant und der „neue Typ des Spießers [] erst im Werden" begriffen war. Von diesem Wandel handelt der Roman. Auch die drei Titel der einzelnen Teile weisen auf eine Entwicklung der jeweiligen Hauptfigur hin.

Erster Teil: Herr Kobler wird Paneuropäer

Alfons Kobler, knapp 27 Jahre alt, ist ein ungeduldiger Mensch, der es eilig hat, finanziell und sozial aufzusteigen. Dabei scheut er vor Betrug und Täuschung nicht zurück. Sein größtes Kapital ist sein gutes Aussehen, das ihm geholfen hat, ein Cabriolet an eine Hofopernsängerin zu verkaufen und das ihm die Türen zu ihrer Villa geöffnet hat. Er nutzt die Gefühle der wesentlich älteren Witwe für ihn aus, um zum Schein eine Freundschaft mit ihr zu pflegen, die ihn in höhere Kreise bringt. Später, als er ihr kaputtes Cabriolet wieder verkaufen soll, zieht er nicht nur den Käufer über den Tisch, sondern betrügt auch sie um fast die ganze Anzahlung. Den Betrug bemerkt sie, verzeiht ihm aber aus Liebe und bei einem romantischen Abendessen besagt ihr Lächeln, er könne getrost das ganze Cabriolet behalten.

Auf diese Weise hat Kobler an nur einem Tag 600 Reichsmark verdient, worauf er sehr stolz ist. Dieses Kapital investiert er in eine Reise nach Barcelona zur Weltausstellung, um ausländische Verkaufsmethoden kennen zu lernen. Der primäre Grund ist jedoch ein anderer. Dort wo sich die Welt trifft, hofft er die Bekanntschaft einer reichen ungebundenen Frau zu machen, die er zur Heirat zwingen will, indem er sie verführt und damit in eine kompromittierende Lage bringt.

Auf der sehr langen Zugreise kommt Kobler mit einem älteren Herrn namens Rudolf Schmitz ins Gespräch, der als Sonderkorrespondent ebenfalls auf dem Weg zur Weltausstellung ist. Die beiden bilden eine kleine Reisegesellschaft, zu der später noch Rigmor Erichsen stößt, eine junge attraktive Frau und Tochter eines Duisburger Großindustriellen. Kobler glaubt bei ihrer Begegnung an Vorsehung und strengt sich an, ihr zu gefallen. Der Erfolg lässt nicht lange auf sich warten. Schon in der dritten Nacht in Barcelona teilen sie das Bett.

Siegessicher meldet Kobler am nächsten Morgen Schmitz, der von seinem Plan weiß, er dürfe ihm gratulieren. Seine Taktik sei die richtige. Umso schockierter ist er, als kurze Zeit später Rigmors Bräutigam im Hotel auftaucht. Er ist ein millionenschwerer Amerikaner, den Rigmor gewillt ist zu heiraten, schon um ihren Papa zu retten, der dringend amerikanisches Kapital braucht. Voller Wut reist Kobler allein zurück. Schmitz begleitet ihn zur Bahn und lenkt Koblers Groll in Richtung Angst vor einer Vorherrschaft der USA in Europa, um ihn von der Paneuropa-Idee, über die sie seit der Hinreise gesprochen haben, in letzter Sekunde doch noch zu überzeugen.

Mangels Fremdsprachenkenntnisse findet Kobler diesmal bis zur deutschen Grenze keine Mitreisenden, mit denen er sich unterhalten könnte. So verbringt er viele Stunden damit, über seine Niederlage bei Rigmor nachzudenken. In der Erinnerung nimmt die Szene, in der Rigmor ihm ihre Lage beichtet, plötzlich politische Züge an. Aus der Tochter des ehemals reichen Unternehmers, in dessen Firma er nicht einheiraten kann, wird die „verarmte Europäerin, die sich nach Übersee verkaufen muss“ (229), um ihren Papa zu retten. Das löst in ihm eine Wut auf alle europäischen Grenzen aus und er wird spontan zum Paneuropäer.

Zweiter Teil: Fräulein Pollinger wird praktisch

Anna Pollinger ist eine elternlose junge Frau, die in einem der beiden Zimmer wohnt, die ihre Tante untervermietet. Das Zimmer nebenan hat ein Herr Kastner gemietet. Anna lebt in ärmlichen Verhältnissen und muss für ihren Lebensunterhalt arbeiten gehen. Als ihr der Bürojob in einer Autovermietung wegen Auflösung der Firma gekündigt wird, steht sie vor dem Nichts.

An diesem Abend geht sie früh schlafen. Plötzlich steht Kastner vor ihrem Bett. Er spielt sich als Sexualexperte auf und beginnt auf sie einzureden. Angeblich könne er es nicht mit ansehen, was sie „in erotischer Hinsicht" (237) treibe. Anstatt sich an Männer wie Kobler zu hängen, solle sie ihre „Sinnlichkeit produktiv gestalten" (ebd.). Er sagt: „Ich verlange zwar keineswegs, daß Sie sich prostituieren, aber ich bitte Sie um Ihretwillen, praktischer zu werden!" (ebd.)

Im ersten Moment stutzt Anna, wird jedoch nachdenklich und hört Kastner zu, der eine scheinbar gebildete Rede über die Natürlichkeit von Prostitution hält, woraus er die Berechtigung von Männern ableitet, Liebe für käuflich zu halten. Schließlich rückt er mit seinem Angebot heraus. Sie soll im Atelier des Radierers Achner, in dem Herren aus besseren Kreisen verkehren, nackt Modell stehen. Damit könne sie „spielend zehn Mark verdienen" (238). Mehr stellt Kastner ihr in Aussicht, wenn sie ihre „Naturgeschenke [nicht] derart unpraktisch verschleudern" (ebd.) würde.

Da Anna schon öfter arbeitslos gewesen ist, zieht sie das Angebot in Erwägung. Als Aktmodell zu arbeiten, findet sie in Ordnung. Nur das „Praktischwerden" will sie sich gut überlegen wegen der Gefahr, auf die schiefe Bahn zu geraten. Beim Grübeln spielt sich in ihrem Kopf ein verrücktes Theater ab, das ihr vor Augen führt, in ihren bisherigen Männerbekanntschaften nie die große Liebe gefunden zu haben. Immer hat sich alles ums Geld gedreht. Zum Schluss dieser traumartigen Szene tritt ein Herr im Frack auf, der sie ermahnt: „Du hast jetzt endlich praktisch zu werden, Fräulein!“ (241)

Am nächsten Tag geht Anna in Achners Atelier und zieht sich aus. Doch das Modellstehen fällt aus, da der bekannte Eishockey-Spieler Harry Priegler zu Besuch kommt. Nachdem die Herren leise miteinander gesprochen haben, lässt sich Anna sofort von Harry einladen. Sie fahren in seinem Sportwagen an den Starnberger See und essen in einem noblen Restaurant. Auf dem Heimweg fährt Harry auf eine Waldlichtung und wartet wie selbstverständlich darauf, dass sich Anna bei ihm mit Sex bedankt. Doch sie fordert dafür zehn Mark. Nach kurzem Zögern bietet Harry ihr die Hälfte. Sie nimmt das Fünfmarkstück und macht es zum ersten Mal für Geld.

Dritter Teil: Herr Reithofer wird selbstlos

Anfang November hat es sich bereits herumgesprochen, dass Anna sich Männern anbietet. Ihre Tante wirft sie aus dem Haus und bricht den Kontakt zu ihr ab. Kobler will sie ohnehin nicht mehr sehen, da er der Ansicht ist, den Verhältnissen im Viertel inzwischen etwas entwachsen zu sein. Annas Lage ist heikel und nachdem ihr ein Waffenstudent wegen ihrer Anmache ins Gesicht gespuckt hat, beginnt sie, nur an das Böse in der Welt zu glauben.

Eines Tages kommt sie vor dem Arbeitsamt mit Herrn Reithofer ins Gespräch, der schon ewig lang arbeitslos ist und sich freut, heute zumindest jemanden zum Reden gefunden zu haben. Denn das fehlt ihm besonders und so erzählt er munter drauflos. Von Beruf ist er Kellner und als er Anna nach ihrem fragt, antwortet sie, Nähen gelernt zu haben. Obwohl man ihr das andere nicht ansieht, denkt Anna daran und will ihn auf die Probe stellen.

Als Erstes überredet sie ihn, ins Kino zu gehen. Da Reithofer prinzipiell keiner Frau im Kino an die Wäsche geht, kann Anna sich entspannen. Erst im Gedränge beim Verlassen des Kinos wird ihr wieder ihre Lage bewusst. Deshalb antwortet sie auf Reithofers Vorschlag, noch spazieren zu gehen: „So einfach geht das nicht!" (264) Reithofer versteht nicht und nachdem sie es ihm erklärt hat, stellt er nur resigniert fest: „Also eine Solche bist du" (ebd.). Er verachtet sie nicht, sagt ihr aber zum Abschied, es gemein zu finden, dass sie sich „von einem Menschen in meiner wirtschaftlichen Lage ins Kino einladen" (ebd.) lässt.

Unterwegs beschließt er, nach dem anstrengenden Tag und dem frustrierenden Erlebnis mit dem „Mistvieh" (265) noch auf ein Bier in ein Lokal zu gehen. Dort bringt er seine lange Arbeitssuche zur Sprache. Ein älterer Herr meint zu ihm, wenn er nicht Kellner, sondern Schneiderin wäre, wüsste er eine Stelle. Automatisch denkt Reithofer an das Mistvieh, das ja eigentlich Näherin ist. Aber noch kann er sich nicht überwinden, ihm zu helfen, weil er eben auch nur ein Mistvieh ist.

Erst als seine Tischnachbarin sagt, wie schön es sei, dass der Herr ihm helfen wollte, wird Reithofer bewusst, diesen Gast, der gleichfalls ein Mistvieh sein könnte, hat es überhaupt nicht interessiert, ob er ein Mistvieh wäre. Diese Einsicht führt ihn zu der Überzeugung, dass es allen Mistviechern besser ginge, wenn sie sich gegenseitig helfen würden.

Er sucht Anna und als er sie spät in der Nacht auf der Straße gefunden hat, erzählt ihr von dem Stellenangebot, das sie erst gar nicht ernst nehmen kann. Doch als sie das Gute in Reithofer erkennt, tut es ihr leid, ihn ausgenutzt zu haben. Er meint darauf bloß, es gäbe auch etwas ohne Verliebtsein, nämlich die „menschliche Solidarität" (275). Dann lässt er sie stehen in dem wohltuenden Gefühl, „ein selbstloses Mistvieh" (ebd.) zu sein.

Zeit und Ort der Handlung

Die Romanhandlung spielt von „Mitte September 1929" (131) bis „Anfang November" (257) desselben Jahres.

Das Geschehen findet häufig in München und dort in erster Linie in der Schellingstraße statt. Weitere Schauplätze ergeben sich aus Koblers Reiseroute mit dem Zug über Österreich, Italien bzw. die Schweiz auf der Rückfahrt, Frankreich und Spanien nach Barcelona. In Marseille legen Kobler und Schmitz einen Zwischenstopp ein und auch in Barcelona halten sie sich gemeinsam mit Rigmor etwa drei Tage auf. Im zweiten Teil des Romans kommen noch zwei Schauplätze hinzu und zwar Feldafing am Starnberger See, wo Anna und Harry essen, und die Lichtung im Forstenrieder Park, wo es Anna zum ersten Mal für Geld macht.

Erzähltechnik

„Der ewige Spießer“ ist Ödön von Horváths erster veröffentlichter Roman, den er seinem Freund Ernst Weiß gewidmet hat. Der Untertitel „Erbaulicher Roman in drei Teilen“ soll eventuell ein Appell an uns Leser:innen sein, nach der Lektüre zu fragen, was die Moral von der Geschicht' ist, also was wir daraus lernen können. Wie der Entstehungsgeschichte zu entnehmen ist, basiert der Roman auf zwei Erzählungen mit den Titeln „Sechsunddreißig Stunden“ und „Herr Kobler wird Paneuropäer“, die Horváth 1929 verfasst hat (vgl. 321). Demnach ist der Roman eine Montage.

Im Vorwort unterscheidet Horváth zwischen dem alten und dem neuen, noch nicht vollständig herausgebildeten Typ des Spießers und kündigt an, „einige Beiträge zur Biologie dieses werdenden Spießers zu liefern“ (129). Demzufolge geht es ihm weniger um die Erzählung einer kohärenten Geschichte, als vielmehr um die Erforschung eines Menschentyps. Die äußere Handlung hat somit die Funktion einer Kulisse, vor der das Eigentliche in Szene gesetzt werden kann. Das ist die Natur des Spießers, die sich in fast allen Personen – in unterschiedlicher Ausprägung – vorwiegend beim Sprechen offenbart.

Alle drei Teile tragen einen Titel, in dem die Hauptperson und ihr jeweiliges Werden bekannt gegeben wird. Auch zwei der drei Sinnsprüche, die den Erzählungen vorausgehen, betonen die Bedeutsamkeit der persönlichen Weiterentwicklung. Es sind berühmte Zitate aus einem Gedicht von Johann Wolfgang von Goethe bzw. Hermann Hesse. Der dritte ist ein Bibelvers und gedenkt der ewigen Liebe.

Grobstruktur des Romans

„Der ewige Spießer“ ist ein sehr kurzer Roman. Gemessen an der Gesamtzahl der Wörter beträgt der Anteil des ersten Teils 70%, der des zweiten 17% und der des dritten Teils 13%. Der erste Teil bildet eine Einheit und könnte auch für sich allein stehen. Die Erzählung ist logisch aufgebaut mit Anfang und Ende. Der Einstieg mit einer aufsehenerregenden Nachricht – Kobler hat an einem Tag sagenhafte 600 Reichsmark verdient – erinnert an das Gestaltungsprinzip einer Novelle, ebenso die überraschende Wende am Schluss. Koblers Entwicklungsschritt zum Paneuropäer scheint das Werden des neuen Spießertyps, von dem Horváth im Vorwort schreibt, wiederzugeben.

Die Figur Anna Pollingers, der sich der zweite Teil widmet, wird im ersten Teil erstaunlich lang vorgestellt. Obwohl ihre Bedeutung hier für den Handlungsstrang marginal ist, greift der Erzähler wie auf Stichwort in die Szene im Lokal ein und spricht uns Leser:innen wie Gäste direkt an: „Kennt ihr das Märchen von Fräulein Pollinger? Vielleicht ist noch einer unter euch, der es nicht kennt, und dann zahlt sich's ja schon aus, daß ihr's alle noch mal hört.“ (152) Wieso die folgenden Informationen zu Annas Hintergrund als Märchen bezeichnet werden, ließe sich am plausibelsten damit erklären, dass der Erzähler – und nicht nur an dieser Stelle – als private Stimme agiert, die uns im Sinne einer Komplizenschaft Tratsch anvertraut, damit wir besser im Bilde sind. Allerdings wäre es meines Erachtens geschickter gewesen, die Geschichte von Annas bisherigen Männerbekanntschaften, in denen Sex als Gegenleistung für eine Einladung wie selbstverständlich erwartet wird, in den zweiten Teil zu integrieren, um zu zeigen, wie gering der Unterschied zur Prostitution ist.

Der zweite Teil knüpft an den ersten an, indem wieder eine Neuigkeit präsentiert wird, die sich in der Schellingstraße, dem zentralen Schauplatz des Romans, während Koblers Abwesenheit verbreitete. Anna Pollinger „wurde aus heiterstem Himmel heraus plötzlich arbeitslos, und zwar total ohne ihre Schuld." (232) Die erneute Arbeitslosigkeit markiert den Anfang von Annas Wandel vom angepassten Mädchen zur neuen Anna, die sich anfangs prostituiert in der irrigen Annahme, auf diese Weise in die besseren Kreise zu gelangen, sich aber bald Männern auf der Straße anbietet, um irgendwie über die Runden zu kommen.

Der dritte Teil erzählt die Geschichte von Anna weiter bis zu einem verblüffenden Happy End. Insofern hätte man beide Teile auch zusammenfassen können. Andererseits ist die Aufteilung sinnvoller, da der Titelheld Josef Reithofer erst eine innere Wandlung zum solidarischen Menschen vollziehen muss, bevor Anna nochmals ihre innere Einstellung ändern kann, indem sie erkennt, dass es nicht gerechtfertigt war, nur an das Böse in der Welt zu glauben. Ihre folgenschwere Entscheidung, ‚praktisch zu werden', sieht vom Ende her gesehen nicht mehr wie im zweiten Teil nach einer einleuchtenden Konsequenz zur Befreiung aus ihrer Geldnot aus, sondern gibt sich als tragische Konsequenz einer kurzsichtigen Deutung ihrer nur scheinbar aussichtslosen Lage zu erkennen.

Anna ist im dritten Teil zweifellos die zweite Hauptfigur und das nicht nur, weil sie als Reithofers Negativfolie fungiert. In ihrer Art Selbstbekehrung, die ihr erlaubt, wieder optimistisch in die Zukunft zu schauen, kann man zumindest einen Entwicklungsschritt hin zum neuen Typ des Spießers sehen, was noch mehr auf Reithofer zutrifft, der sogar so einsichtig ist, das „Mistvieh“ in seinem Wesen nicht zu leugnen.

Feinstruktur des Romans

Alle Teile des Romans sind in durchnummerierte Kapitel oder bei der Kürze besser gesagt, Abschnitte unterteilt. Es gibt keinen roten Faden, der sich durch den ganzen Roman zieht. Die einzelnen Handlungsstränge werden episodenhaft erzählt. Hin und wieder gewinnt man den Eindruck, der Erzähler übertreibe es mit seiner Schwatzhaftigkeit wie zum Beispiel im dritten Abschnitt des ersten Teils, in dem fast ausschließlich über Frau Perzl und ihre sozialen Verhältnisse getratscht wird. Für den Fortlauf der Handlung ist diese Geschichte überflüssig, allerdings ergiebig im Hinblick auf das Thema des Romans, denn hier wird eine ganze Spießer-Familie skizziert. Um nach solch einer Abschweifung wieder in die ursprüngliche Szene zurückzufinden, pfeift sich der Erzähler selbst zurück. „Doch lassen wir nun diese historisch-soziologischen Skizzen und kehren wir zurück in die Gegenwart, und zwar in die Schellingstraße.“ (140)

Zentral für den Roman über den ewigen Spießer sind natürlich die Dialoge, aus denen sich Rückschlüsse auf den Charakter der jeweils sprechenden Figur ziehen lassen. Da aber bekanntlich der Ton die Musik macht, ordnet der Autor den Worten oft einen Gesichtsausdruck zu wie „sagte er und sah recht boshaft aus“ (224) oder „sah ihn mit Fleiß recht verträumt an“ (262).

Dasselbe gilt für Gesten wie „winkte Schmitz ab" (224). Auch kann eine Mimik für sich allein sprechen wie bei der Hofopernsängerin: „»Ich will dir alles verzeihen, Darling, behalt nur getrost mein ganzes Kabriolett«, so ungefähr lächelte sie ihm zu." (136 f.)

Mehr Worte muss der Autor dem Erzähler in den Mund legen, wenn er die Verlogenheit oder Scheinwelt der Spießer entlarven will. In den Fällen wird der Erzähler redselig und weist in seinen ironischen Kommentaren auf die Diskrepanz zwischen den Worten und der Wirklichkeit hin. Zum Beispiel behauptet Kastner, bei seinem unmoralischen Angebot „radikal selbstlos" (238) zu denken, worauf der Erzähler in einem längeren Part erklärt, warum das ‚natürlich radikal anders' (ebd.) ist.

Erzählperspektive

Die Erzählperspektive ist uneinheitlich und bricht mit der Konvention. Nur selten könnte man von einem auktorialen Erzähler sprechen, wenn es beispielsweise um objektive Fakten geht wie dem sozialen Gefälle in der Schellingstraße (vgl. 233) oder dem Bericht der „Landeswetterwarte" (257). Aber aufs Ganze gesehen fehlt dem Erzähler eindeutig die Distanz. Auch hat er keinen fixen Standpunkt, sondern springt im Geschehen umher. Aufgrund seiner Nähe zu den Figuren könnte man ihn als fiktive Begleitperson für uns Leser:innen auffassen, die mit Hintergrundwissen aufwartet, gerne schwatzt und ihren Senf dazugibt. Er ist so etwas wie unser Mann vor Ort, der uns mit einer Mixtur aus Informationen, Klatsch und Tratsch versorgt. Auf alle Fälle ist er ein sogenannter unzuverlässiger Erzähler.

Sprache

Der Roman bewegt sich zwischen Alltags- und Umgangssprache. Im Allgemeinen ist die Sprache einfach und direkt, wodurch sie unmittelbar und authentisch wirkt. Auch längere Sätze sind leicht verständlich. Beispiel: „Die Septembernacht war stimmungsvoll, und Harry fühlte sich direkt verpflichtet, Anna zu besitzen, denn sonst hätte er sich übervorteilt gefühlt, da sie nun mal in seinem Sportwagen saß und weil er ihr Wiener Schnitzel mit Gurkensalat bestellt hatte, obwohl er es ja bereits in Feldafing bemerkt hatte, daß sie ihn niemals besonders aufregen könnte." (255)

Einigen Figuren hört man beim Sprechen leicht das Bayerische bzw. Wienerische an. Beispiele: Portschinger: **„Es is scho** schöner so im eignen Kabriolett als auf der **stinkerten** Bahn" (133). Frau Perzl: „Ich bin Ihnen direkt dankbar, daß Sie diesen Grafen endlich energisch hinauskomplimentiert **habn**! Ich freu mich wirklich sehr, daß ich den **Strizzi nimmer** zu sehn brauch!" (144) Kobler: „So, und jetzt **bringens** mir etwas heißes Wasser!" (ebd.) Typisch für das Süddeutsche ist ebenfalls die Wo-Verdoppelung. Damit ist die Angewohnheit gemeint, ein Relativpronomen mit einem „wo" zu verdoppeln. Graf Blanquez: „Du kennst doch den langen Kammerlocher, **der wo** früher bei den Ulanen war, den Kadettaspiranten, **der wo** in der Maxim-Bar die Zech geprellt hat?" Süddeutsch bzw. österreichisch ist außerdem der häufige Gebrauch des Modalpartikels „halt". Anna: „[A]ber ich habs mir **halt** anders vorgestellt." (240) Schmitz: „Ja, das ist **halt** hier ein pädagogischer Umsturz. Bekanntlich ist **halt** jede Revolution ein pädagogisches Problem" (181).

Obwohl Horváth sehr sparsam und nur mit Anklängen von Dialekt arbeitet, hat man beim Lesen das Gefühl, er habe dem Volk aufs Maul geschaut und das sehr nuanciert, je nachdem wer spricht. Dieser feinsinnige Umgang mit Sprache verleiht dem Roman eine lebendige und realistische Atmosphäre.

Bildungsjargon

Viele Figuren – insbesondere die, die sich einen intellektuellen Touch geben wie Kastner, der Künstler Achner oder auch der Korrespondent Schmitz – verwenden Bildungsjargon. In Bezug auf Horváths Werke ist darunter zu verstehen, dass die Sprechenden sich um eine distinguierte Ausdrucksweise bemühen, indem sie ihre Sätze mit Versatzstücken aus akademischem Bildungsgut spicken, Persönlichkeiten beim Namen nennen oder Schlagwörter aus der Presse in die Diskussion werfen. Es klingt zumindest erst einmal sachverständig, wenn beispielsweise ein Mitreisender zu Kobler meint: „Sehen Sie denn nicht, daß wir einem neuen europäischen Weltbrand entgegentaumeln?! Wissen Sie denn nicht, was das heißt: Amanullah und Habibullah?! Denken Sie nur mal an Abd el-Krim! Und was macht denn dort hinten der christliche General Feng?!“ (230) Ob dieser Herr allerdings nachforschende Fragen zu den angerissenen Themen aus der internationalen Politik beantworten könnte, darf guten Gewissens bezweifelt werden.

Ein Paradebeispiel für Bildungsjargon liefert Kastner in der Szene, in der er Anna davon überzeugen will, dass Prostitution vollkommen legitim sei und Diskretion Ehrensache. Er beendet seine längere Rede damit: „Wer wagt es also, die heute Herrschenden anzuklagen, daß sie nicht nur die Arbeit, sondern auch das Verhältnis zwischen Mann und Weib der bemäntelnden Lügen und des erhebenden Selbstbetruges entblößen, indem sie schlicht die Frage stellen: »Na, was kostet schon die Liebe?« Kann man ihnen einen Vorwurf machen, weil sie dies im Bewußtsein ihrer wirtschaftlichen Macht der billigeren Buchführung wegen tun? Nein, das kann man nicht. Sie sind nämlich überaus ehrlich." (238) Hier versucht Kastner durch die kunstvolle Verwendung komplexer Ausdrücke und pseudointellektueller Argumentation seine wahren Absichten zu verschleiern. Sein Bildungsjargon weist ihn als zynischen Manipulator und moralisch verdorbenen Menschen aus.

Die Funktion dieses Bildungsjargons liegt in Horváths Werken zum einen darin, generell Wortbeiträge realistisch wiederzugeben, also ebenfalls diese Schaum schlagenden Sonntagsredner in ihrer spezifischen Ausdrucksweise zu Wort kommen zu lassen. Zum anderen bietet sich der Bildungsjargon an, diejenigen der Phrasendrescherei zu überführen, die sich durch Vortäuschung von Bildung und Intellektualität profilieren wollen.

Sprechen in Bildern

Zwei Beispiele sollen hier verdeutlichen, wie Horváth eine innere Gestimmtheit bildhaft zum Ausdruck bringt. In der Szene, in der Kastner Anna zur Prostitution überreden will, heißt es: „Er stellte sich vor sie hin wie vor eine Auslage." (235) Das heißt, er betrachtet sie wie eine Ware. Wie eine lebende Ware bzw. ein Tier, das er nach Belieben dressieren kann. Diese geheimgehaltene Einstellung zu Anna und das sich dahinter verbergende überhöhte Selbstbild wird dann in kurz aufblitzenden Imaginationen effektiv auf den Punkt gebracht. „Kastner lächelte zufrieden, denn plötzlich ist es ihm aufgefallen, daß er auch Talent zum Tierbändiger hätte. Und er fixierte Anna, als wäre sie zumindest eine Seehündin. Er hätte sie zu gerne gezwungen, eine Kugel auf der Nase zu balancieren. Er hörte bereits den Applaus und überraschte sich dabei, daß er sich verbeugen wollte." (236)

Nicht so amüsant, aber ebenso lebhaft werden Annas moralische Bedenken bzw. deren Verdrängung beschrieben. „Jetzt stand jemand hinter ihr, aber sie sah sich nicht um, denn sie fühlte es deutlich, daß das ein unheimlicher Herr sein muß. Und plötzlich war das Zimmer voll von lauter Herren, die hatten alle ähnliche Bewegungen und kamen ihr sehr bekannt vor. [...] Er hatte einen Frack an. »Du hast jetzt endlich praktisch zu werden, Fräulein!« sagte er. »Unten steht meine Limousine! Komm mit! Komm mit!«" (239 ff.) Was hier nicht mit zitiert wird, ist ein groteskes Theater, das uns Annas Verwirrung bis zum plausiblen Entschluss zur Prostitution vor Augen führt.

Durch diese Technik, psychische Vorgänge humorig zu visualisieren, wird der Text nicht nur unterhaltsamer, sondern sie ermöglicht es dem Lesepublikum, das emotionale Erleben der Charaktere tiefer zu verstehen und ggf. nachzuempfinden.

Humor

Was die Lektüre des Romans „Der ewige Spießer" zu einem Vergnügen macht, ist nicht zuletzt der satirische Unterton, mit dem Horváth die Heuchelei und Scheinheiligkeit der bürgerlichen Gesellschaft auf anregende Weise kritisiert und somit das Lesepublikum animiert, hinter die Fassade von Personen zu schauen, die große Reden schwingen oder mit Worten beeindrucken und damit etwas in ihrem Sinne bewirken wollen.

Ein schönes Beispiel dafür ist die Beschreibung der Kündigung am Anfang des zweiten Teils: Anna Pollinger „wurde aus heiterstem Himmel heraus plötzlich arbeitslos, und zwar total ohne ihre Schuld. Sie verlor ihre Stelle in der Kraftwagenvermietung infolge der katastrophalen Konjunktur. Diese Firma brach im wahren Sinn des Wortes über Nacht zusammen, von einem Dienstag zu einem Mittwoch. Am Mittwoch mittag standen daher zwounddreißig Arbeitnehmer auf der Straße, und auch der Arbeitgeber persönlich war nun bettelarm, denn teils hatten die räuberischen Zinsen und Wechsel seine Substanz vertilgt, und teils hatte er die größere Hälfte dieser Substanz noch rechtzeitig auf den Namen seiner Frau umgeschrieben." (232)

Dieser Textauszug trotzt vor Übertreibungen, die den Verdacht erregen, dass der Unternehmer seinen Mitarbeiter:innen weisgemacht hat, die Auflösung der Firma bzw. die Kündigungen seien nicht vorherzusehen gewesen. Wer um die Wirtschaftslage im September 1929 weiß, erkennt sofort die Ironie in der Schilderung der Kündigung aus Sicht des scheinbar unschuldigen Arbeitgebers. Einen Monat vor dem Börsencrash in New York, mit dem die Weltwirtschaftskrise ausgelöst wurde, gab es bereits klare Anzeichen für einen totalen Zusammenbruch. Die muss auch Annas Chef gesehen haben, denn sonst hätte er nicht „die größere Hälfte dieser Substanz [der Firma] noch rechtzeitig auf den Namen seiner Frau umgeschrieben." (ebd.)

Dies ist ein Beleg für Horváths Technik, durch satirische Überspitzungen zum einen den eng begrenzen geistigen Horizont der kleinen Leute wie Anna herauszukehren und zum anderen die Durchtriebenheit des Arbeitgebers sowie seine Profitgier in Form von Angst vor Gläubigern und Verlust aufzudecken.

Personencharakterisierung

Alfons Kobler

Alfons Kobler, Jahrgang 1902, kam 1922 nach München, wo ihm ein Freund aus der rechten Szene eine Anstellung bei einer völkischen Inflationsbank verschaffte. Nach der Verhaftung des Bankdirektors arbeitete er in einem Fahrradgeschäft, hielt es dort jedoch nicht lange aus und wurde Reisender für eine württembergische Hautcreme und Scherzartikel. Danach hausierte er mit Briefmarken, bis er eine Anstellung als Autoverkäufer bei der Firma „Gebrüder Bär" in München fand. Dort verkaufte er ein Cabriolet an eine ältere, wohlhabende, lang verwitwete Hofopernsängerin, die sich in den jungen, gut aussehenden Mann verliebte. Er ging zum Schein eine Freundschaft mit ihr ein, um Kontakte zu Personen aus den besseren Kreisen zu knüpfen.

Wenige Monate später flog seine „Schrulle[]" (135) auf, Prostituierte in die Firma zu bestellen, die den Inhabern vorspielten, sich jedes Auto leisten zu können, und mit denen Kobler dann ausgedehnte Probefahrten unternahm. So wurde er trotz seines Verkaufstalents gefeuert und musste sich „wohl oder übel selbstständig machen. Zwar konnte er sich natürlich keinen Laden mieten und betrieb infolgedessen den Kraftfahrzeughandel in bescheidenen Grenzen, aber er war halt sein eigener Herr." (ebd.)

Die Romanhandlung setzt mit dem erfolgreichen Wiederverkauf des Cabriolets ein, das mittlerweile nicht mehr verkehrssicher ist. Umso stolzer ist Kobler, dafür einen Käufer begeistert zu haben. Von den 300 Reichsmark Anzahlung liefert er allerdings nur 50 bei der Hofopernsängerin ab, die den Betrug jedoch bemerkt und in ihrer Wut nichts mehr mit dem Schurken zu tun haben will. Aber da sie immer noch in ihn verliebt ist, verzeiht sie ihrem „Darling" (136) bei einem romantischen Abendessen und überlässt ihm stillschweigend die restlichen 600 Reichsmark, die Portschinger beim Abholen des Cabriolets Kobler bar auf die Hand gezahlt hat.

Wie durch ein Wunder bleibt Portschinger und sein mitgefahrener Freund beim Unfall auf der ersten Fahrt unverletzt, nur das Cabriolet erleidet Totalschaden. Portschinger sucht einen Rechtsanwalt auf, muss sich jedoch sagen lassen, dass der Kaufvertrag rechtlich in Ordnung ist. Er hat sich von Kobler, den keine Skrupel plagen, halt übers Ohr hauen lassen.

Zur Ehrlichkeit hat Kobler ein spezielles Verhältnis. Er denkt sich: „Man muß immer nur ehrlich sein! [...] Ehrlich gegen sich selbst, ich weiß ja, daß ich nicht gerade fein bin, denn ich bin halt ehrlich. Ich verschleier mich nicht vor mir, ich kann's schon ertragen, die Dinge so zu sehen, wie sie halt sind!" (216) Und er ist eben ein kleiner Gauner, was ihm unterschwellig bewusst ist. „Er hatte nämlich häufig das Gefühl, als müßte er etwas vertuschen, als ob er etwas verbrochen hätte – und er hatte doch nichts verbrochen, was nicht in den Rahmen der geltenden Gesellschaftsordnung gepaßt hätte." (188)

Kobler ist ein Mensch, der anderen imponieren will. Nur um jedem Bekannten „Ich fahr nach Barcelona!“ (151) zuzurufen, geht er am Abend vor seiner Abreise in den Schellingsalon, wo er jedoch mehr oder weniger freundlich abgekanzelt wird. Das trifft ihn bis ins Mark. Schwer hat er es natürlich auch, mit dem an Kunst und Kultur interessierten Rudolf Schmitz zu konkurrieren, mit dem er ab Verona gemeinsam zur Weltausstellung reist. Obwohl Schmitz den eigenen Intellekt überschätzt, geht aus ihren Gesprächen klar hervor, wie ungebildet bzw. „blöd“ (184) Kobler ist. Typisch ist für ihn, wie er sich gegen Frau Perzls Schwärmerei für die Kunstschätze Europas gewehrt hat: „Also für die Kunst hab ich schon gar nichts übrig! Haltens mich denn für weltfremd? Dafür interessieren sich doch nur die Weiber von den reichen Juden“ (146).

Wenn Kobler in dem Zusammenhang zu seiner Rechtfertigung sagt, „[b]ei mir muß alles einen Sinn haben“ (ebd.), verbindet er damit einen praktischen Nutzen. Die Investition seiner 600 Reichsmark in eine Reise zur Weltausstellung ergibt für ihn Sinn, weil er davon ausgeht, dort eine reiche Frau zum Heiraten zu finden. Darauf ist er fixiert. Als Rigmor in Tarascon zu ihm und Schmitz ins Zugabteil kommt, ist er zwar wie Schmitz von ihrer umwerfenden Erscheinung fasziniert, aber zugleich bemerkt er, dass „alles an dieser Frau sehr teuer gewesen sein muß.“ (207) Ab da glaubt er an Vorsehung und als er hört, dass sie die Tochter eines Großindustriellen ist, denkt er sich einen Plan aus: „Ich werd die Dame [...] in Barcelona kompromittieren, begleit sie dann nach Duisburg, kompromittier sie dort noch einmal, und dann heirat ich ein in Papas Firma.“ (213)

Auch in seinem Gesprächsverhalten erweist sich Kobler als Opportunist. Er ist geistig insofern flexibel, als er seine Meinung wechselt wie das Hemd. Zum Beispiel hält er den Korrespondenten Schmitz nur so lange für einen lästigen Schwätzer, der ihn vom Schlafen abhält, bis er die Chance wittert, von dessen Kenntnissen und Kontakten zu wichtigen Persönlichkeiten zu profitieren. Beim Chianti kann er ihn dann so weit für sich gewinnen, dass Schmitz sich bei ihm in weinseliger Laune sogar dafür bedankt, ihn auf der Reise begleiten zu dürfen, wofür er sich kurz zuvor selbst als „blöd“ (184) beschimpft hat.

Schmitz' Begeisterung für die Idee eines Paneuropas teilt Kobler anfangs, verrät sie jedoch in dem Augenblick, als er sich bei Rigmor einschmeicheln will, die sich auf gehässige Weise nationalistisch und antisemitisch geäußert hat. Für Kobler heiligt der Zweck die Mittel. Eine echte politische Überzeugung hat er nicht. Er dreht sein Fähnlein in den Wind, der für seine persönlichen Angelegenheiten am aussichtsreichsten weht.

Da Rigmor eine sehr sinnliche Frau ist, muss Kobler sich bei ihr nicht lange anstrengen, um mit ihr in Barcelona das Bett zu teilen. Nach der ersten gemeinsamen Nacht kann er es kaum erwarten, Schmitz zu melden, dass sein Plan – „hart und kalt [zurechtgelegt], jede Möglichkeit erwägend und vor keinem sentimentalen Hindernis zurückschreckend“ (216) – funktioniert und er somit bewiesenermaßen ein großartiger Stratege ist.

Zu seinem Unglück hat er sich jedoch bei Rigmor verrechnet. Sie ist bereits mit einem Millionär aus Milwaukee verlobt, den sie gewillt ist zu heiraten, schon um ihrem Vater zu helfen, der dringend amerikanisches Kapital braucht. Kobler fühlt sich wie erschlagen. Von einem reichen Rivalen ausgestochen worden zu sein, kränkt ihn über die Maßen und er macht sich noch am selben Tag auf die Heimreise. Während der Zugfahrt richtet er seine geballte Wut pauschal gegen Amerika. Wie er am Morgen zu Schmitz sagte, der gerade an einem Artikel zur Völkerverständigung schrieb, spielen in seiner Sicht auf Politik die „Gefühlsmomente" (224) die entscheidende Rolle.

Dass er am Ende „absoluter Paneuropäer" (230) wird, hat wenig mit dem Verstand zu tun. Er kennt sich in der Thematik kaum aus. Was ihn dazu bewegt, kommt aus dem Bauch. Das hat sich Schmitz zunutze gemacht und ihn zur Bahn begleitet, um ihm unterwegs die Angst vor einer amerikanischen Vorherrschaft in Europa einzupflanzen. Mit Erfolg. Insofern spricht aus Koblers feurigem Bekenntnis zur Paneuropa-Idee am Ende des ersten Romanteils im Wesentlichen die Antihaltung eines gekränkten Egoisten. Danach rangieren die praktischen Vorteile wie der Wegfall der Grenzkontrollen, die Kobler lästig sind, und die Erleichterungen im Handel, die für ihn interessant werden könnten.

Rudolf Schmitz

Rudolf Schmitz ist ein älterer Redakteur und Korrespondent, der in Wien für Zeitungen bzw. Boulevardblätter in Hauptstädten der vergangenen Österreichisch-Ungarischen Monarchie schreibt. Er wurde in Ujvidék (heute: Novi Sad, Serbien) geboren und beherrscht alle Sprachen der alten Donaumonarchie, wenn auch keine perfekt. Seine Eltern stammen aus k. u. k. Offiziers- und Beamtenfamilien. In seiner Jugend fühlte er sich zum Dichter berufen und ließ sich von der Dekadenzliteratur zu einem Gedichtzyklus mit dem Titel „Ein Vorsommer in der Hölle" inspirieren, für den er jedoch keinen Verleger fand.

Intelligent und egoistisch wie er ist, drehte er daraufhin wie seinerzeit Arthur Rimbaud der Dichtkunst den Rücken, um ein „gedichtetes Leben" (180) zu führen, also ein kreatives Leben voller Intensität. Seine Abkehr vom bürgerlichen Leben trug er zur Schau, indem er schon ab 1905 ohne Hut ging. Er versteht sich generell als „[Literat] mit Leib und Seele" (255) und fühlt sich trotz seiner Weiterentwicklung in den letzten vierzig Jahren „manchmal sauwohl in der Atmosphäre von 1890, obwohl er sich dann immer selbst widersprechen mußte" (195).

Dem Anschein nach ist er ein Bohemien. Neben Literatur und Kunst interessiert sich Schmitz für Politik. Er redet viel, nicht zuletzt weil er sich selbst gern reden hört. „Seine Schwäche war die Metaphysik." (181) Das erklärt, wieso er derart begeistert auf Koblers Auskunft reagiert, genau wie er selbst auf dem Weg nach Barcelona zu sein. Für ihn ist das nicht bloß Zufall, sondern die Fügung einer höheren Macht oder eines lieben Gottes, die sich im Zufall offenbart (vgl. ebd.). Seine Denkweise ist komplex, obwohl nicht immer korrekt. Wenn Schmitz sagt, „Bekanntlich ist halt jede Revolution ein pädagogisches Problem, aber auch die Pädagogik ist ein revolutionäres Problem.", klingt die Wortspielerei höchst intellektuell, aber warum sollte eigentlich die Pädagogik ein revolutionäres Problem sein?

Falls Schmitz dabei an Rudolf Steiners Waldorfpädagogik oder an Maria Montessori gedacht hat, die einen im Vergleich zur Rohrstockpädagogik radikal anderen Ansatz verfolgten, hätte er zumindest so weit differenzieren müssen, dass die Pädagogik ein revolutionäres Problem – im Sinne eines Problems, das ein radikales Umdenken erfordert – hat, aber keineswegs ist. Auf jeden Fall ist es hin und wieder anstrengend, aus seinen Worten schlau zu werden. Andererseits ist er ein origineller Denker, wenn auch leider schon allein wegen seiner Vorliebe für Übertreibungen kein ganz seriöser.

Als Schmitz auf der Zugfahrt zwei Mal von einem Schwarzhemd auf eine Ordnungswidrigkeit angesprochen wird, meint er zu Kobler, der Faschismus in Italien sei keine Revolution, sondern nichts anderes als „[s]acro egoismo" (182), also heiliger Egoismus. Den Faschisten ginge es darum, das Volk, wie hier im Zug, zu erziehen und zwar zum Krieg gegen jeden.

Was die Weltgeschichte anbelangt, ist er der Überzeugung, im Zeitalter der Kaufleute zu leben, das seinen Höhepunkt erst dann erreichen wird, „wenn alle menschlichen Werte ehrlich und offen vom kaufmännischen Weltbild aus gewertet werden" (ebd.). An einen neuen Krieg zwischen den kapitalistischen Großmächten Europas kann er nicht glauben, „weil man heutzutag eine Nation auf kaufmännisch-friedliche Art bedeutend billiger ausbeuten kann" (189). Gefahr droht seiner Meinung nach von den USA, die Europa zu ihrer Kolonie machen wollten. Deswegen sei es so wichtig, dass die Länder Europas einen Schlussstrich unter die Vergangenheit zögen und sich verständigten. Er spricht sich stark für ein Paneuropa aus. „Aber ohne Großbritannien gefälligst!" (190)

Seine Ansichten sind nicht widerspruchslos. Zum Beispiel ist er einerseits gegen die Ausbeutung der schwarzen Arbeiter auf afrikanischen Kaffeeplantagen. Andererseits fürchtet er, dass die Kolonialprodukte unerschwinglich teuer würden, wenn die Arbeiter fair bezahlt würden, weil im Gegenzug die Plantagenbesitzer das Tausendfache verdienen wollten, was er wiederum damit begründet, dass wir Weißen „die größten Bestien" (198) wären. Eine Alternative sieht er nur in einer Gesellschaft, die sich an den Bedürfnislosen orientiert, wobei er gleich an Waldmenschen denkt, die keine Kolonialprodukte brauchen. Aber das ginge natürlich auf gar keinen Fall, denn „wo blieb dann unsere abendländische Kultur" (199)? Seine rhetorischen Tricks üben auf Menschen wie Kobler sicherlich einen Einfluss aus. Aber im Großen und Ganzen vermitteln seine Einfälle, „mit seinem Intellekt zu imponieren" (209), den Eindruck eines Möchtegern-Intellektuellen.

Seine recht waghalsige Argumentation bei der Erörterung der Kolonialpolitik zeigt, wie gern Schmitz mit Gedanken spielt, um zu der erwünschten Erkenntnis zu gelangen. Rational zu denken, heißt für ihn lediglich logisch zu denken, beinhaltet aber nicht, bei der Wahrheit zu bleiben im Sinne einer ausgewogenen Betrachtung aller Aspekte eines Themas. Er selektiert und biegt zurecht. Die Erkenntnisse, die er an Kobler weitergibt, tragen seine persönliche Handschrift. Schmitz' Meinungsbildung basiert mehr auf kreativen Kopfgeburten als auf fundierter Faktenanalyse. Was an Wortbeiträgen seine Denkschmiede verlässt, könnte man als Stammtischpolitik bezeichnen, wobei einige seiner unkonventionellen Ideen sehr scharfsinnig sind wie zum Beispiel die, den Faschismus auf heiligen, also unantastbaren Egoismus zurückzuführen, oder seine Deutung des Stierkampfes als „reinste[n] Lustmord" (233), an dem sich das Publikum aufgeilt.

Eines kann man Schmitz ganz gewiss nicht absprechen und das ist Engagement, insbesondere wenn es um die Paneuropa-Idee geht. Um den wankelmütigen Kobler auf die eigene Seite zu ziehen, schreckt er nicht davor zurück, den jungen Mann geschickt zu manipulieren, indem er ihm auf dem Weg zur Bahn ans Herz legt, am eigenen Leibe die Vorherrschaft Amerikas in Europa erfahren zu haben. Das ist natürlich Unfug, der jedoch schon bald bei Kobler zu einer Sinnesänderung führt. Er wird in kürzester Zeit Paneuropäer.

Rigmor Erichsen

Rigmor Erichsen ist eine junge, attraktive, teuer gekleidete Dame, die nach einem Aufenthalt in Paris weiter nach Barcelona fahren will und ab Tarascon gemeinsam mit Schmitz und Kobler reist. Die Bewegungen ihres Körpers und ihr „seltsam verschleierte[r] Blick“ (206), die als lüstern beschrieben werden, kennzeichnen sie als Männertraum, der Begehrlichkeiten wecken soll. Gleichzeitig gibt sie sich reserviert und hält die Herrschaften zunächst auf Distanz. Sie darf sich ihrer Wirkung auf Männer sicher sein und scheint es insgeheim zu genießen, mit ihrer erotischen Ausstrahlung Schmitz und Kobler gleichermaßen zu erregen und in einen heftigen Konkurrenzkampf zu verwickeln.

Sie ist Rheinländerin, in Köln geboren, und lebt in Duisburg, reist aber viel ins Ausland wie zum Beispiel nach Biarritz und St. Moritz, zwei wichtige Treffpunkte der internationalen High Society. Vermutlich ist sie aus diesem Grund auf dem Weg zur Weltausstellung. Ihr Vater ist „mehrfacher Aufsichtsrat und Großindustrieller“ (213). Offenbar stammt sie aus einer sehr wohlhabenden Familie und ist entsprechend verwöhnt.

Schmitz gibt sich alle Mühe, sie mit der Aufzählung von Prominenten, mit denen er per Du ist, für sich zu gewinnen, was sie aber eher „kleinlaut[]“ (209) werden lässt, vermutlich weil sie solch illustre Kontakte nicht hat und sich nun klein fühlt. Zum Glück mischt sich jetzt Kobler ein, der mit seinem guten Aussehen sofort bei ihr punkten kann. Es stört sie nicht im Geringsten, dass Kobler ihr mit der Nacherzählung „schweinische[r] Filme“ (210), die er mit Schmitz in einem Marseiller Bordell gesehen hat, näherkommen will. Ganz im Gegenteil, sie lässt sich gern darauf ein.

Im Vergleich zu ihrer überbordenden Sinnlichkeit erweist sich ihr Denkvermögen als dürftig. Auf ihre Engstirnigkeit, Selbstbezogenheit und Verblendung weist zum Beispiel ihre pauschale Verurteilung der Juden hin, die ihr „zu widerlich sinnlich“ (212) sind und „die Arbeiter ganz gehässig“ (ebd.) gemacht hätten, weshalb sie sich in Duisburg nicht mehr in eleganter Kleidung auf der Straße zeigen könne, denn die Arbeiter schauten ihr „fanatisch“ (ebd.) hinterher. Sie wünscht sich das Militär „besonders für diese halbwüchsigen Arbeiter und das Pack“ (ebd.) zurück. Ebenso voreingenommen und rabiat ist ihre Ablehnung der Linksparteien, „weil sie immer wieder das Vaterland verraten.“ (ebd.)

Auf der Weltausstellung liest sie aus der Broschüre laut vor. Ob sie Interesse an den Ausstellungsstücken hat, bleibt ungewiss. Sie wird erst wieder in der Szene beim Abendessen in einem vornehmen Restaurant erwähnt: „Rigmor schien sich wie zu Haus zu fühlen. [...]“ (219) Danach will sie unbedingt Achterbahn fahren. Sie ist es wohl gewohnt, sich nach Lust und Laune zu vergnügen. Beim Stierkampf, den sie kaum erwarten kann, zeigt sie keinerlei Mitleid mit dem Tier oder Ekel vor dessen grausamer Tötung. Stattdessen fürchtet sie, einem der Toreros könne etwas zustoßen. Was Schmitz entrüstet zum „reinste[n] Lustmord“ (233) deklariert, regt sie zu einer lustvollen Fantasie an. In der folgenden Nacht schläft sie mit Kobler.

Als sich am nächsten Morgen Rigmors Bräutigam ankündigt, muss sie Kobler beichten, schon einem reichen Amerikaner versprochen zu sein, den sie gewillt ist zu heiraten, „schon wegen ihres Papas, der dringend amerikanisches Kapital benötige, trotz der Größe seiner Firma, aber Deutschland sei eben ein armes Land, und besonders unter der Sozialversicherung litte ihr Papa unsagbar.“ (226) Sie tut sich selbst leid, weil sie lieber einen Deutschen heiraten würde, weint ein paar Tränen und beteuert Kobler, sich auf die „vierzehn liebverlebten Tage“ (ebd.), die sie ihren Verlobten später erwartet hat, ganz sicher gefreut zu haben. Vielleicht möchte sie damit rechtfertigen, egoistisch ihrem Lustprinzip gefolgt zu sein. Was sie hier so rührend in Szene setzt, dürfte wie die Verlobung ihrem berechnenden Wesen geschuldet sein. Was das angeht, spielt sie in derselben Liga wie Kobler. Auch sie hat ihn als Mittel zum Zweck benutzt, wenngleich nicht des Geldes wegen, sondern zum sinnlichen Vergnügen.

Anna Pollinger

Wie Anna Reithofer erzählt, ist sie vier Jahre vor Ausbruch des Krieges in der Oberpfalz geboren worden (vgl. 261; 259) und demnach zur Zeit der Handlung 19 oder knapp 20 Jahre alt. Ihr Vater ist im Krieg gefallen (vgl. 261). Das verbitterte die Mutter so sehr, dass Anna nicht einmal mehr ihren Puppen vorsingen durfte. Niemandem gönnte die Mutter nur irgendetwas. Oft hat Anna das Gefühl beschlichen, sie würde denken: „Warum lebt das Mädel?“ (261)

Da hat sie es bei ihrer Tante in München besser, bei der sie seit dem Tod ihrer Mutter – vermutlich während der Hyperinflation 1923 – wohnt. Sie ist gelernte Näherin, arbeitet zu Beginn der Handlung allerdings im Büro einer Kraftwagenvermietung. Noch im September 1929 wird ihr wegen Schließung der Firma gekündigt. Da sie in den letzten Jahren schon mehrfach arbeitslos gewesen ist, denkt sie ängstlich an die Zukunft. Für ihr Alter hat sie bereits viel Schlimmes erlebt.

Kastner, ein Untermieter der Tante, will sie zu einem nicht ganz seriösen Job überreden. Eines Nachts kommt er, kurz nachdem sie zu Bett gegangen ist, in ihr Zimmer und spielt sich als rein wissenschaftlich interessierter Frauenexperte auf, um ihr fachmännisch zu erklären, sie solle aufhören, ihr erotisches Talent an Männer wie Kobler zu verschwenden. „Heutzutag muß man auch seine Sinnlichkeit produktiv gestalten! Ich verlange zwar keineswegs, daß Sie sich prostituieren, aber ich bitte Sie um Ihretwillen, praktischer zu werden!“ (237)

Anna reagiert verdutzt, aber nicht ablehnend. Von all den hochtrabenden Worten, mit denen Kastner sie zuschüttet, versteht sie sicherlich das Wenigste. Trotzdem nimmt sie ihm ab, es ehrlich mit ihr zu meinen. Sein konkreter Vorschlag: Sie soll im Atelier des Radierers Achner nackt Modell stehen. Damit könne sie locker zehn Mark verdienen. Mehr könnte sich ergeben, wenn sie sich auf einen der Herren aus besseren Kreisen einließe, die im Atelier ein- und ausgingen.

Die Arbeit als Aktmodell bereitet Anna keine Sorgen. Nur das Praktischwerden will sie sich gut überlegen. Beim Nachdenken spielt sich in ihrem Kopf ein groteskes Theater ab, das ihr klarmacht, wie wenig sich ihre bisherigen sexuellen Kontakte mit Männern von dem unterschieden, was eine Prostituierte tut. Denn wenn sie sich von einem Mann einladen ließ, wurde von ihr häufig Sex als Gegenleistung erwartet. Ob sie darauf gerade Lust hatte, war den Herren egal. Ihr wird bewusst, dass es im Leben immer ums Geld geht. Daran ist auch die Beziehung zu Brunner, ihrer einzigen großen Liebe, gescheitert. Zum Schluss mahnt sie ein Herr im Frack, jetzt endlich praktisch zu werden.

Am nächsten Tag geht Anna in Achners Atelier und zieht sich aus. Doch statt Modell zu stehen, wird sie dem bekannten Eishockey-Spieler Harry Priegler vorgestellt, der gerade zu Besuch kommt. Sie lässt sich sofort zu einer Spritztour einladen und genießt es, in seinem Sportwagen zu fahren, was sie als Verbesserung ansieht im Vergleich zu ihren bisherigen Mitfahrten auf dem Motorrad. Beim Essen am Starnberger See in einem noblen Restaurant fällt sie unangenehm auf, weil ihr Magen knurrt, was der Kellner mit einem verächtlichen Blick auf ihren billigen Hut quittiert.

Als Harry zum Abschluss des Ausflugs wie selbstverständlich Sex von ihr erwartet, erinnert sie sich an die Worte des Herrn im Frack, doch endlich praktisch zu werden. „»So geht das nicht!« sagte sie plötzlich, und ihre Stimme erschien ihr seltsam verändert, als gehörte sie einer neuen Anna.“ (255) Zwar ist Harry nicht bereit, die verlangten zehn Mark zu zahlen, aber für das angebotene Fünfmarkstück lässt sie die Prozedur über sich ergehen, ohne Gefühle, „als wär sie schon tot“ (256).

In der Folgezeit bietet sich Anna unauffällig auf der Straße Männern an. Bei einigen Herren löst sie damit Wutausbrüche aus, was ihr Schadenfreude bereitet. Sie liebt es, Männer zu ärgern. Ob es daran gelegen hat oder nicht, bald wird sie bei der Polizei aktenkundig. Als ihre Tante davon erfährt, wirft sie ihre Nichte aus dem Haus und bricht die Verbindung zu ihr für alle Zeiten ab. Und Kobler will sie ohnehin nicht mehr sehen, da er nach seiner Reise der Ansicht ist, „diesen Verhältnissen hier schon etwas entwachsen" (258) zu sein.

Anna beginnt, „nur an das Böse in der Welt zu glauben" (259) und sieht für sich anscheinend keine Alternative zum Anschaffen. Bei ihrem letzten Versuch, auf diese Weise an Geld zu kommen, gerät sie jedoch an den Falschen. Josef Reithofer, ein arbeitsloser Kellner, spricht sie vor dem Arbeitsamt an, einfach um mal wieder zu plaudern. Auf ihr Drängen lädt er sie trotz fast leerem Portmonee ins Kino ein, um ihr eine Freude zu machen. Da er sie in Ruhe lässt, fühlt sich Anna im Dunkeln „direkt geborgen [], denn sie hatte sich vergessen können" (263). Erst im Gedränge beim Verlassen des Kinos kehrt sie in die raue Wirklichkeit zurück und plant, Reithofer gegebenenfalls vor die Wahl zu stellen, obwohl sie ihn eigentlich nett findet. Und Reithofer ist auch nur ein Mann, weshalb er vorschlägt, noch in die ungewöhnlich milde Novembernacht zu spazieren.

Wie aufs Stichwort sagt Anna ihren „harten Spruch" (264) auf: „So einfach geht das nicht!" (ebd.) Reithofer versteht nicht und Anna freut sich wieder einmal auf den Ärger, den sie dem Herrn gleich mit ihrer Antwort bereiten wird: „Weil das was kostet" (ebd.). Reithofer reagiert allerdings anders. „»Also eine Solche bist du«, sagte er [] leise und sah sie derart resigniert an, daß es sie gruselte." (ebd.) Unbeabsichtigt bricht es aus ihr heraus, so etwas noch nicht lange zu machen. Bevor sie sich trennen, weil er kein Geld hat, sagt er ihr, sie zwar nicht zu verachten, aber es gemein von ihr zu finden, sich von jemandem in seiner finanziellen Lage ins Kino einladen zu lassen.

Spät in der Nacht erschrickt Anna auf der Straße, als Reithofer sie von hinten anspricht. Er hat sie aber nicht gesucht, um es ihr heimzuzahlen, sondern um ihr das Angebot zu überbringen, in einer Schneiderei in Ulm zu arbeiten. Ungläubig starrt sie ihn an und verbittet sich jedwede Gemeinheiten. Doch er sieht sie nur schweigend an, bis Anna lächelnd sagt: „Das hätt ich wirklich nicht gedacht" (275). Es tut ihr in der Seele weh, ihn am Nachmittag schamlos ausgenutzt zu haben.

Josef Reithofer

Josef Reithofer, geboren in Österreich, ist ein sich in München allein fühlender Kellner, der „schon ewig lange ohne Arbeit" (259) ist. Vor dem Arbeitsamt spricht er Anna quasi als Leidensgenossin an, um endlich jemanden zum Reden zu haben.

Er hat im Ersten Weltkrieg gekämpft und ist desillusioniert. Beim Vorbeimarschieren der Reichswehr meint er, „oft nütze der beste Wille nichts. Überhaupt gäbe es viele Gewalten, die leider stärker wären als der Mensch, aber so dürfte man nicht denken, denn dann müßte man sich halt aufhängen" (259 f.).

Vom technologischen Fortschritt, wie beispielsweise dem von einem Amerikaner entwickelten künstlichen Menschen, ist er beeindruckt, sieht allerdings die Gefahr, dass die echten Menschen zugrunde gehen, „wenn das so weitergehe" (260), woran aber nicht die Maschinen schuld wären, sondern die „anarchischen Produktionsverhältnisse“ (ebd.).

Vieles von dem, was Reithofer Anna erzählt, scheint nachgeplappertes, marxistisch angehauchtes Zeitungswissen zu sein, was auf eine geringe Bildung schließen lässt. Immerhin, er liest und bringt das Gelesene in Zusammenhang mit seinen Beobachtungen und Erfahrungen. So ist ihm beim Nachdenken über die Vererbung von Eigenschaften wie Genie eingefallen, dass „die meisten Menschen [] bloß Nummern [würden], die sich alles gefallen ließen“ (261).

Um Anna eine Freude zu machen, lässt er sich trotz knapper Kasse überreden, sie ins Kino einzuladen. Da er prinzipiell im Kino keine Annäherungsversuche unternimmt, wartet er bis nach der Vorstellung, um Interesse an ihr zu zeigen. Er lädt sie zu einem Spaziergang ein, wofür Anna zu seiner Überraschung bezahlt werden will. Dass Anna „eine Solche“ (264) ist, lässt ihn resignieren. Wie er ihr sagt, verachtet er sie zwar nicht, findet es aber gemein von ihr, sich „von einem Menschen in meiner wirtschaftlichen Lage ins Kino einladen“ (ebd.) zu lassen. Damit verabschiedet er sich.

Unterwegs denkt er – „ein erfahrener Frauenkenner“ (265) – über sein Erlebnis mit dem „Mistvieh“ (ebd.) nach und kommt zu dem Schluss, dass die Frau eine „Sklavennatur“ (ebd.) sei, wofür jedoch die Männer verantwortlich wären, die jahrtausendelang alles für die Frauen bezahlt hätten.

In einem Lokal, wo er sich nach dem ganzen Frust an diesem Tag noch ein Bier gönnt, unterhalten sich zwei Frauen bei ihm am Tisch über die vielen gefallenen Soldaten und wie hart es besonders für die inzwischen „total versoffen[en]“ (270) Offiziere sein müsse, den Krieg verloren zu haben. Er wirft ein, dass es ihm, obwohl kein Offizier, auch nicht gutgehe und er selbst als Sieger genauso unter der wirtschaftlichen Depression zu leiden hätte. Denn er sei schon ewig lang arbeitslos ohne Aussicht auf Besserung. Nun mischt sich ein älterer Herr ein, der ihm zwar keine Anstellung vermitteln kann, aber von einer freien Stelle als Schneiderin weiß. Automatisch denkt Reithofer an Anna, die ihm erzählt hat, nähen gelernt zu haben. Für sie wäre es buchstäblich die Rettung aus der ja gerade erst begonnenen Prostitution und er müsse ihr vorkommen wie der „Kaiser von China“ (272), für den er sich selbst nicht hält. Er ist nämlich noch sauer auf das Mistvieh.

Erst als er seine Tischnachbarin sagen hört, wie schön es gewesen sei, dass der ältere Herr ihm helfen wollte, fällt Reithofer auf, dass dieser Gast, der wahrscheinlich auch ein Mistvieh ist, nichts von dem Mistvieh in ihm wissen konnte, was den Herrn aber gar nicht interessiert hat. Diese Einsicht führt ihn zu der Überzeugung, dass es allen Mistviechern besser ginge, wenn sie sich gegenseitig helfen würden.

Er wandert in der Nacht die Straßen ab, bis er Anna entdeckt hat und überbringt ihr das Stellenangebot. Dabei kommt er sich „so edel und gut vor, daß er sich leid tat“ (274). Bevor er seiner Wege geht, sagt er ihr, dass es auch „etwas ohne Verliebtsein“ (275) gebe, nämlich die „menschliche Solidarität“ (ebd.). Dann lässt er sie stehen in dem wohltuenden Gefühl, „ein selbstloses Mistvieh“ (ebd.) zu sein.

Was ist ein Spießer?

Spießer ist die seit Anfang des 20. Jahrhunderts verwendete Kurzform von Spießbürger. Ursprünglich bezeichnete der Begriff einen Bürger im Mittelalter, der einer städtischen Fußtruppe angehörte und die Stadt mit einem Spieß verteidigte. Solch eine Waffe bestand aus einem fünf bis sechs Meter langen Holzstab mit einer Spitze am Ende, die feuergehärtet oder mit Metall verstärkt sein konnte. Spieße waren im Vergleich zu anderen Waffen billig in der Herstellung und erwiesen sich als äußerst effektiv bei Kavallerieangriffen.

Der Spießbürger wurde lange Zeit wegen seines Dienstes zum Schutz der Stadt geachtet. Normalerweise kam er aus einem kleinbürgerlichen Milieu ohne Zugang zu höherer Bildung, erhielt wenig Sold und zeigte entsprechend kein Interesse an geistigen und kulturellen Dingen. Das könnte erklären, warum der Begriff „Spießbürger" im 19. Jahrhundert erstmals von Studenten abfällig für eine engstirnige, kulturell unempfängliche Person verwendet wurde.

Auch heutzutage wird mit „Spießer" hauptsächlich Engstirnigkeit, Stumpfsinn, Kleinlichkeit und Intoleranz verbunden. Für die Interpretation von Horváths Roman wird das jedoch unter Umständen nicht ausreichen. Folgende Merkmale könnten helfen, einen Spießer näher zu charakterisieren:

Konservatismus: Ein Spießer passt sich den gesellschaftlichen Gepflogenheiten an. Regeln, Traditionen und Konventionen bedeuten für ihn Halt und Orientierung. Abweichungen von der Norm betrachtet er als Störung, die er unter Umständen als Gefahr wahrnimmt.

Engstirnigkeit: Neuen Ideen, alternativen Lebensweisen oder kulturellen Unterschieden gegenüber verhält sich ein Spießer skeptisch bis ablehnend. Er bleibt auf den bekannten und vertrauten Wegen. Meist ist er nicht bereit, die Perspektive zu wechseln.

Kleingeistigkeit: Ein Spießer verharrt in eng begrenzten Denkmustern und neigt zu gedanklichen Kurzschlüssen. Seine kleinkarierte Sicht auf die Welt ist entsprechend oberflächlich und von Vorurteilen beeinflusst.

Kleinmütigkeit: Ein Spießer gibt bei einer Meinungsverschiedenheit mit einer Person, die er im Vergleich mit sich selbst als übergeordnet ansieht, lieber klein bei. Autoritätspersonen begegnet er äußerlich mit Respekt und innerlich mit Angst.

Kreisen um den eigenen Nabel: Der Spießer ist sehr mit sich selbst beschäftigt und auf seine eigenen Interessen, Sorgen und Bedürfnisse fokussiert. Insofern ist er ein **Egoist**. Er zeigt wenig Interesse oder Verständnis für die Anliegen anderer Menschen. Verhält er sich rücksichtslos, nimmt er das selbst nicht unbedingt wahr.

Materielle Orientierung: Ein Spießer legt großen Wert auf Besitz und Äußerlichkeiten und beurteilt Menschen gern nach ihrem Erscheinungsbild, das als Zeichen von Reichtum oder Armut bzw. hohem oder niedrigem sozialen Status gewertet wird. Erfolg misst er an Vermögenswerten, Prestige ebenso. Sein Motto lautet: Haste was, dann biste was.

Sorge um das Sozialprestige: Ein Spießer braucht viel Bestätigung von außen, um sein Selbstwertgefühl aufrechtzuerhalten. Er ist darauf bedacht, ein bestimmtes Bild von sich selbst nach außen zu kommunizieren, das den Anschein von Erfolg, Besitz, Anstand und Moral vermittelt. Er will etwas darstellen. Beim Streben nach Anerkennung verfolgt er oft die Strategie, ein Mehr an Besitz, Erfolg und Status vortäuschen.

Engherzigkeit: Ein Spießer hat Angst, etwas von seinem Besitz oder seinem gesellschaftlichen Ansehen einzubüßen. Er sieht sich ständig in einem Wettbewerb, weshalb er ungern abgibt oder sich um andere kümmert.

Sicherheitsbedürfnis: Ein Spießer legt großen Wert auf Sicherheit, Stabilität und Vorhersehbarkeit in seinem Leben. Risiken und Veränderungen wirken eher bedrohlich auf ihn und werden nach Möglichkeit vermieden.

Aufsätze zu prüfungsrelevanten Themen

Beim Schreiben der Aufsätze sind keine Vorgaben wie bei der Abitur-Klausur beachtet worden. Sie sind zu lang, dafür aber hoffentlich informativ und anregend genug, um Sie nachhaltig zu inspirieren. Die Wörter wurden erst beim Abschluss gezählt, inklusive Titel, exklusive der Seitenangaben in Klammern.

Interpretieren Sie Titel, Vorwort und Untertitel des Romans „Der ewige Spießer".

Das Wort „ewig" im Titel weist darauf hin, dass der Spießer als Menschentypus beständig ist. Es hat ihn immer gegeben und es wird ihn immer geben. Aber ist er auch unveränderlich, was „ewig" außerdem suggeriert? Das Vorwort negiert diese Frage, denn dort wird zwischen dem alten und dem neuen Typ des Spießers unterschieden, der sich jedoch noch nicht vollständig entfaltet habe. Demnach ist der Spießer wandelbar und gleichzeitig ein ewiges Phänomen in unserer Gesellschaft.

Im Vorwort heißt es, der alte Typ des Spießers sei bekannt dafür, ein „hypochondrischer Egoist" zu sein, der danach strebt, „sich überall feige anzupassen und jede neue Formulierung der Idee zu verfälschen, indem er sie sich aneignet." Im Roman ist nur einmal ausdrücklich von Hypochondrie die Rede und zwar bei der Aufklärung über den Gourmand im Speisewagen. „Dieser Renaissancemensch hatte natürlich noch nie etwas gearbeitet und litt infolgedessen an einer schier pathologischen Hypochondrie. Er hatte eben nichts zu tun, als sich vor dem Sterben zu fürchten." (173) Unter Hypochondrie leidet außerdem Frau Perzl, die oft über Schmerzen klagt, verschiedene Ärzte aufsucht und von jedem eine andere Diagnose erhält (vgl. 137 f.). Aber vielleicht ist es auch erlaubt, den Hypochonder im Spießer nicht nur medizinisch zu verstehen, sondern allgemein als einen wehleidigen, sich selbst bemitleidenden oder ständig auf das eigene Wohl fokussierten Charakter.

Die Kennzeichnung eines Spießers als Egoisten, der sich feige anpasst, bedarf keiner Erläuterung im Gegensatz zum Rest der Definition. Was meint das Streben des Spießers, „jede neue Formulierung der Idee zu verfälschen, indem er sie sich aneignet"? Man könnte diesen Aspekt wie folgt interpretieren: Der Spießer ist wenig daran interessiert, eine Idee zu verstehen oder sich wirklich mit ihr auseinanderzusetzen. Stattdessen nutzt er die Idee, um seine eigenen Überzeugungen zu bestätigen und deutet sie ggf. um, damit sie in sein beschränktes Weltbild oder seine gewohnten Denkmuster passt. Indem sich der Spießer aus der Idee nur das herausfiltert und aneignet, was ihm einen persönlichen Nutzen verspricht, verfälscht er die Idee. Dabei geht die ursprüngliche Intention oder Botschaft der Idee verloren oder wird verzerrt, da der Spießer sie für seine Ziele gewissermaßen missbraucht.

Ein Beispiel für die hemmungslose Verfälschung von Ideen ist jener Gast im Speisewagen, der sich selbst als Renaissancemensch bezeichnet, worunter man in gebildeten Kreisen eine Person versteht, die ähnlich vielseitig interessiert, begabt und produktiv ist wie Leonardo da Vinci, also eine Art Universalgenie. All das passt in keinster Weise auf den „ungemein verfressen[en]" (172) und „verwegen dumm[en]" (173) Herrn aus Weimar, der allem Anschein nach Renaissance-Kunst ohne Sachverstand konsumiert bzw. sich einverleibt hat, um seinen abstrusen Gedanken Gewicht zu verleihen.

In Zeiten des Umbruchs wie „zwischen zwei Zeitaltern“ ist laut Horváth solch ein Spießer es nicht wert, verspottet zu werden. Wer ihn heute noch verhöhnt, sei höchstens ein Spießer der Zukunft. Aber wieso sollte jemand, der sich auf Kosten des alten Typs Spießer lustig macht, ein Spießer der Zukunft sein und das auch nur im besten Fall? In der Regel verhöhnt niemand jemanden, der aus dem gleichen Holz geschnitzt ist, also selbst die Charaktereigenschaften eines Spießers in sich trägt. Es sei denn, ihm ist das eigene Spießertum nicht bewusst. Wie zum Beispiel Harry Priegler, der das Klischee des international gefragten Profisportlers und heiß begehrten Playboys bedient, aber während der Spritztour an den Starnberger See so richtig spießig über die kleinen Leute herzieht, wie man es eher vom Sohn eines Metzgers erwarten würde, der er ja ist. Als extrem spießig verrät er sich, als er Anna haben will, obwohl sie ihn nicht sonderlich erregt. Er fühlt sich regelrecht zum Sex verpflichtet, weil er sich sonst geprellt fühlen würde. Schließlich hat er sie in seinem rassigen Sportwagen mitgenommen und die Rechnung im Restaurant bezahlt.

Wie gesagt, für die Zukunft prognostiziert Horváth einen neuen Spießer-Typ, der gegenwärtig noch im „Werden“ begriffen ist. Diesem Thema widmet sich der Roman. Wenn er davon spricht, „einige Beiträge zur Biologie dieses werdenden Spießers zu liefern“, dürfte seine Absicht dahin gehen, den Blick der Leser:innen auf die Natur dieser Zielgruppe zu lenken, also auf das, was sie antreibt wie Egoismus, Geltungssucht, Neid, Missgunst, Profitgier, Boshaftigkeit, Selbstgefälligkeit u. Ä., was alles hinter einer Kompetenz vortäuschenden Maske versteckt werden muss.

Das Vorwort ist nicht leicht zu verstehen, zumal Horváth offen lässt, auf welches Ziel die Entwicklung des Spießers zusteuert. Nach der Lektüre des Romans könnte man am Sinneswandel der Protagonisten der drei Teile vermuten, dass Horváth pessimistisch ist, was die Überwindung des Spießertums anbelangt, weshalb der Spießer ewig ist, aber optimistisch im Hinblick auf etwas mehr Weltoffenheit wie bei Kobler, ein bisschen weniger Schwarz-Weiß-Denken wie bei Anna am Ende des Romans und ein wenig mehr Solidarität mit seinesgleichen, wie sie Reithofer unter Beweis stellt.

Der Untertitel „Erbaulicher Roman in drei Teilen" ließe sich als Appell an uns Leser:innen deuten, nach der Lektüre zu fragen, was die Moral von der Geschicht' ist, also was wir daraus lernen können. Die hier angekündigte lehrreiche Botschaft lässt lange auf sich warten. Erst im letzten Teil des Romans wird sie vorbereitet und verkündet. Der dortige Protagonist Reithofer ist ein Charakter, der erstaunlich selbstkritisch über sich nachdenkt und die Erkenntnis, auch nur ein „Mistvieh" zu sein, dem man aber unabhängig von seiner Art hatte helfen wollen, zum Anlass nimmt, etwas Neues zu wagen, indem er sich für das „Mistvieh" Anna engagiert. Nachdem er sich einen Ruck gegeben hat, schlüpft er gern in die Rolle des edlen Retters in der Not. Das zeugt zwar mehr von der Lust am Heldentum als von Offenherzigkeit und Nächstenliebe, aber immerhin hat er sich zu einem „selbstlosen Mistvieh" gemausert. Das ist der erste Schritt in eine neue Richtung.

Ein humanistisches Ideal anzustreben im Sinne des Goetheschen „Edel sei der Mensch, hilfreich und gut.", scheint in der bürgerlichen Welt, wie sie Horváth schildert, hoffnungslos zu sein. Dafür findet sich bei den Charakteren zu viel des Gegenteils, nämlich Niederträchtigkeit, Selbstbezogenheit und Gemeinheit. Was sich hingegen bei den Menschen ohne höhere Bildung durchsetzen könnte, ist eine weniger egoistische und stattdessen mehr solidarische Haltung, die ja keine Selbstlosigkeit aus religiöser oder humanistischer Überzeugung sein muss, sondern auch kaufmännisch gedacht werden darf nach dem Motto: Eine Hand wäscht die andere. Oder im besten Fall so wie bei dem hilfsbereiten Herrn im Lokal: Willst du dich bei mir für die Gelegenheit, einem Mitmenschen zu helfen, revanchieren, gib mir die Chance, das Gleiche zu tun. (vgl. 273)

(1.050 Wörter)

Untersuchen Sie die Fräulein-Figur als Symbol für die Opfer der Gesellschaft im „Märchen von Fräulein Pollinger".

Bekannt geworden ist Ödön von Horváth durch seine Bühnenstücke. Besonders überzeugend waren und sind seine Charaktere, in denen sich die Missstände einer von äußeren Zwängen geprägten Welt widerspiegeln. Eine Figur, die sich wie ein roter Faden durch sein Werk zieht, ist das Fräulein, mit dem uns Horváth die oft unsichtbaren Opfer der Gesellschaft in Erinnerung ruft. Diese Figur spielt gleichfalls im Roman „Der ewige Spießer" in Gestalt der Anna Pollinger eine bedeutsame Rolle. Ihr ist nicht nur der mittlere von drei Teilen gewidmet, sondern Horváth scheint sie für so wichtig zu erachten, dass er sie bereits im ersten Teil einführt, wo er den Erzähler die Handlung unterbrechen lässt, um das „Märchen von Fräulein Pollinger" bekanntzugeben, das an dieser Stelle kaum von Belang ist.

In der folgenden Untersuchung soll gezeigt werden, wie es Horváth anhand der aufschlussreichen Charakterstudie einer jungen Frau gelingt, eine typische Form sozialer Ungerechtigkeit am Beispiel der Benachteiligung von Frauen im Beruf wie im Privatleben dem Lesepublikum authentisch zu vermitteln und damit einen kritischen Beitrag zur Diskussion über die gesellschaftlichen Probleme der 1920er Jahre zu leisten.

Anna Pollinger ist die einzige Figur, die in allen drei Teilen des Romans vorkommt. Zum ersten Mal tritt sie in Abschnitt 7 des ersten Teils in der Szene auf, in der Kobler im Schellingsalon mit seiner Reise nach Barcelona Eindruck schinden will. Nur bei Anna, mit der er sich anscheinend gelegentlich bei Nacht trifft, findet er Gehör. Doch anstatt darüber froh zu sein, zieht er sie herunter, indem er ihr unter die Nase reibt, dass er sich im Gegensatz zu ihr eine Reise nach Barcelona leisten kann.

An dieser Stelle unterbricht der Erzähler die Handlung und erzählt „das Märchen von Fräulein Pollinger“ (153), das mit der Formel „Es war einmal“ (ebd.) beginnt und mit der Formel „Wenn sie nicht gestorben ist, so lebt sie heute noch.“ (154) endet. Dazwischen liefert Horváth die alles andere als märchenhafte Geschichte von Annas Männerbekanntschaften und ihrer sozialen Lage. Als Bürokraft verdiente sie nur hundertzehn Mark, wovon sie sich keine Extras leisten konnte. Aber da sie durchschnittlich gut aussah, durfte sie hin und wieder bei jemandem hinten auf dem Motorrad mitfahren. Dafür wurde allerdings erwartet, dass sie den Mann an sich heranließ, egal ob sie Lust darauf hatte oder nicht. Aus gutem Willen machte sie das Spiel mit. „Sie wollte sich nicht sehnen, und wenn sie dies trotzdem tat, wurde ihr alles fad.“ (153)

Sie empfand es als Entspannung, neben einem Mann im Lokal zu sitzen und den Herrschaften bei ihrer Unterhaltung zuzuhören. „Dann machte sie sich heimlich lustig, denn die Herren hatten ja auch nichts zu sagen." (ebd.) An sie wurde nur das Wort gerichtet, wenn es unbedingt nötig war. „Oft wurde sie dann in den Anfangssätzen boshaft und tückisch, aber bald ließ sie sich wieder gehen. Es war ihr fast alles in ihrem Leben einerlei, denn das mußte es ja sein, sonst hätte sie's nicht ausgehalten. Nur wenn sie unpäßlich war, dachte sie intensiver an sich." (ebd.)

Ihre Beziehung mit Fritz dauerte über ein Jahr. Als sie befürchtete, schwanger zu sein, sprach sie im ersten Moment vom größten Unglück, erschrak aber sofort über ihre Worte und fing an zu weinen. Fritz fand die Lösung für Annas Problem in einer Bergtour, weil die Erschütterungen beim Abstieg für das Ausbleiben eines Kindes sorgen sollten. Seit diesem Ausflug kränkelte Anna „und ab und zu tat ihr's im Unterleib schon ganz verrückt weh. Aber sie trug das keinem Herrn nach, sie war eben eine starke Natur." (154)

Im Märchen von Fräulein Pollinger wird Anna als eine Frau beschrieben, die sich äußerlich in die von der patriarchalischen Gesellschaft vorgeschriebene Rolle fügt, dem Mann zu Diensten zu sein. Als Bürokraft wird sie nur gering entlohnt. Das macht sie neben ihrem durchschnittlichen Aussehen für die „besseren Herren" (153) vollkommen uninteressant und somit unsichtbar. Sie wird nur von den Männern aus ihrem Milieu wahrgenommen, die finanziell etwas besser dastehen als sie und sich ein kleines Vergnügen leisten können. Von ihnen lässt sie sich zu einer Motorradfahrt oder ins Lokal einladen und nimmt es hin, wenn der Mann ihr an die Wäsche geht. Sie akzeptiert diese Art Tauschgeschäft, um wenigstens ein Minimum an zwischenmenschlichem Kontakt und Aufmerksamkeit zu erfahren. Vermutlich sehnt sie sich nach der großen Liebe. Aber da es den Männern bei den Stell-dich-eins darum nie geht, unterdrückt sie ihre Gefühle.

Sie hört den Unterhaltungen der Herren aufmerksam zu, allerdings kaum aus Interesse an den Gesprächsthemen, sondern um sich heimlich darüber zu belustigen, dass die Herren ‚ja auch nichts zu sagen haben'. Ob Anna die Unterhaltungen als Dampfplaudereien durchschaut oder sich denkt, die Herren würden in der Ton angebenden Gesellschaft genauso wenig zu melden haben wie sie, geht aus dem Text nicht hervor. Zumindest kann man sagen, dass sich Anna in diesen Momenten den Herren überlegen fühlt, die sich vermutlich gegenseitig etwas vormachen.

Hinter Annas passiver Fassade verbirgt sich ein subtiler Widerstand gegen die Männergesellschaft samt ihrer Wichtigtuerei. Der bricht aus ihr heraus, wenn sie bloß gezwungenermaßen angesprochen wird und sich ein ‚boshafter und tückischer' Ton in ihren ersten Sätzen bemerkbar macht. Das deutet auf ihre innere Frustration und Unzufriedenheit mit der aufgebürdeten Rolle hin. In solch einer Situation enttäuscht sie bewusst oder unbewusst die an sie gestellten Erwartungen, ist also nicht nett und zeigt auf diese Art ihren Widerwillen, sich ungefragt unterordnen zu sollen. In ihrer Boshaftigkeit tritt der noch nicht gebrochene Wille in Erscheinung, sich in einer von männlicher Dominanz durchdrungenen Welt zu behaupten.

Insgesamt ist Anna eine ambivalente Figur, die sich nach außen hin normalerweise den gegebenen Umständen anpasst, um aus ihren bescheidenen Verhältnissen das Beste für sich herauszuholen. Aus Selbstschutz hält sie ihre Sehnsucht nach Liebe und Familienglück unter Verschluss. Innerlich rebelliert sie jedoch gegen die emotionale Verrohung der Männer, die keine tieferen Gefühle zulassen. Ihre heimliche Belustigung über die Männer und der Sarkasmus in ihren Antworten sind Ausdruck eines hellhörigen Widerstands gegen die Fremdbestimmung der Frau durch den Mann. Anna dient zwar im Allgemeinen den Herren aus Resignation, aber dieser Schicksalsergebenheit zum Trotz bewahrt sie sich ihre innere Unabhängigkeit und Würde, indem sie sich über die palavernden Herren erhebt und sie lieber verärgert als sich jedes Mal kommentarlos ihrer Geschlechterrolle zu fügen.

Das Märchen von Anna Pollinger ist ein Kunstgriff des Autors, mit dem er Annas Schicksal zu dem eines Fräuleins stilisiert, das typisch für die damalige Zeit ist. Horváth nutzt im ersten Teil des Romans den Umweg über das Märchen, um Anna, die hier für die Handlung marginal ist, mehr Gewicht zu verleihen und zu unterstreichen, wie profilierungssüchtig und ignorant sich Kobler ihr gegenüber verhält, obwohl er mit ihr liiert ist. Auf diese Weise übt Horváth zwischen den Zeilen Kritik an der chauvinistischen Männergesellschaft und ergreift, ohne es aussprechen zu müssen, Partei für die Frauen in der „Frauenfrage“ (213), womit die öffentliche Debatte über die Forderungen nach Gleichberechtigung, politischen Rechten und sozialen Veränderungen im Zusammenhang mit Frauen gemeint ist.

(1.149 Wörter)

Erörtern Sie, inwiefern sich Horváths Roman „Der ewige Spießer" kritisch mit den gesellschaftlichen Verhältnissen zur Zeit der Handlung auseinandersetzt.

Der Dramatiker und Schriftsteller Ödön von Horváth hat sich als Chronist seiner Zeit verstanden, dessen Aufgabe es ist, das Leben so zu beschreiben, wie es nun mal ist. Sowohl seine Bühnenwerke als auch seine Prosa sind für seine feinfühlige Beobachtung gesellschaftlicher Missstände bekannt, unter denen die handelnden Charaktere zu leiden haben, die überwiegend im sozial schwachen Milieu angesiedelt sind. Dies trifft gleichfalls auf den Roman „Der ewige Spießer" zu, der 1930 erstmals veröffentlicht wurde.

Die ersten beiden Teile des Romans spielen Mitte September 1929, der letzte und dritte Teil Anfang November desselben Jahres. Dazwischen liegt der 24. Oktober, jener berühmte Tag, an dem die New Yorker Börse zusammenbrach, wodurch die Weltwirtschaftskrise auslöst wurde. Dieses historische Ereignis wird im Roman nicht erwähnt. Der Grund dafür könnte sein, dass es für die Romanhandlung nicht von Belang ist, weil Geldnot bzw. Arbeitslosigkeit schon vor diesem Datum ein großes Problem für viele Menschen in München war, dem primären Handlungsort.

Damit sind die beiden größten Sorgen genannt, mit denen sich die Romanfiguren herumplagen. Von Verarmung infolge des Ersten Weltkriegs und der Inflation sind beispielsweise die beiden vornehmen Emigrantinnen betroffen, die wöchentlich ins Reisebüro gehen und sich nach sonnigen Reisezielen erkundigen, ohne jemals etwas zu buchen, „denn sie kamen mit ihrem Geld grad nur aus" (148). Sie leben in der Vergangenheit und flüchten in Nostalgie, um die bedrückende Gegenwart nicht wahrnehmen zu müssen. Wenigstens das können sie sich noch leisten im Gegensatz zu denjenigen, die nie reich waren und zusätzlich ihren Job verloren haben.

Arbeitslosigkeit der kleinen Leute und die damit einhergehende Geld- bzw. Existenznot ist das dominierende Thema im zweiten und dritten Teil des Romans, während es im ersten Teil um Koblers Plan geht, durch die Heirat einer reichen Frau das schnelle Geld zu machen und damit hoffentlich für immer ausgesorgt zu haben. Das klingt nach Hallodri, was Kobler in der Tat ist. Aber auch seine Lebenssituation sieht nicht rosig aus. Für seine knapp 27 Jahre hat er bereits erstaunlich viele Jobs gemacht. Er hat in einer Bank, in einem Fahrradgeschäft, als Vertreter für Hautcreme und Scherzartikel sowie als Hausierer für Briefmarken gearbeitet, bis er in der Automobilbranche landete. Wahrscheinlich gab es für ihn nie die Chance, einen ordentlichen Beruf zu erlernen mit der Aussicht, damit regulär seinen Lebensunterhalt zu verdienen. Und bei der trüben Lage sollte jedenfalls ab und zu ein Spaß drin sein wie beispielsweise mit Damen aus dem Gewerbe eine angebliche Probefahrt zu unternehmen. Damit hat er allerdings seinen letzten Job als Autoverkäufer aufs Spiel gesetzt und bald verloren. Nachdem er gefeuert wurde, hat er sich selbständig gemacht, was mangels Geld für Geschäftsräume nicht mehr bedeuten dürfte, als auf der Straße mit Gebrauchtwagen zu handeln.

Beim Verkauf des Cabriolets der Hofopernsängerin betrügt er nicht nur sie um Geld, sondern in noch stärkerem Maße den Käufer, dem er die technischen Mängel des Wagens verschwiegen hat. Auf diese Betrugsmasche ist Kobler sogar stolz, weil sie den größten Gewinn abgeworfen hat. Ehrlichkeit hat für ihn nur den Wert, „[e]hrlich gegen sich selbst zu sein“ (216), d. h. sich selbst nicht in die Tasche zu lügen. Ansonsten vertritt er die Ansicht, dass „keiner dem andern traut, jeder denkt, der andere ist der größere Gauner“ (189).

Gaunerei scheint in Koblers Kreisen an der Tagesordnung zu sein, wie seinem Gedanken in Bezug auf Graf Blanquez zu entnehmen ist: „Woher weiß denn das schon jeder Gauner, daß ich den Portschinger betrogen hab?“ (142) Der Schwadroneur Kastner gehört ebenfalls in diesen Kreis von Herrschaften, denen lügen & betrügen in Fleisch und Blut übergegangen zu sein scheint. „Die Wanzen hatte der Herr Kastner gebracht, aber man konnte ihm nichts nachweisen, denn er war sehr raffiniert.“ (234) Und mit dieser Raffinesse gelingt es ihm, Anna zur Prostitution zu überreden, obwohl sie durchschaut, dass er in erster Linie ein selbstgefälliger Schwätzer ist.

Obwohl es Lug & Betrug sicherlich zu jeder Zeit gegeben hat, muss bei den Charakteren im Roman die äußerst schlechte wirtschaftliche Lage in Deutschland mitberücksichtigt werden. Bezeichnenderweise prangert Horváth keine Schuldigen an, sondern belässt es dabei, uns Leser:innen ein realitätsnahes Bild der damaligen Zustände zu vermitteln, wozu auch der Verlust an ethischen Werten zählt. Was wir uns heute an Gewissen und Moral erlauben können, weil niemand bei uns hungern muss, war für die Menschen damals ein Luxus, den sich nicht jeder leisten konnte.

Weitere Nachweise für Horváths kritischen Blick auf die Gesellschaft sind die Darstellung der sexuellen Ausbeutung der Frau und des aufkommenden Nationalsozialismus. Schon im ersten

Teil wird uns eine junge Frau, die dort lediglich als Nebenfigur auftritt, im sogenannten „Märchen von Anna Pollinger“ (153) näher gebracht. Dieses Märchen handelt von Annas Männerbekanntschaften, in denen es üblich war, nach einer Einladung von ihr zu erwarten, als Sexobjekt zur Verfügung zu stehen. Im zweiten Teil des Romans wird das Thema sexuelle Ausbeutung mit Annas Arbeitslosigkeit verknüpft. Aus dem, was sie als gängiges Verhalten der Männer zu erdulden gelernt hat, macht sie eines Tages ein Geschäft in der irrigen Annahme, auf diese Weise Zugang in die besseren Kreise zu erhalten. Das hatte ihr Kastner weisgemacht. Am Ende sieht sie jedoch keine andere Chance, an Geld zu kommen, als ihren Körper fremden Männern auf der Straße anzubieten.

Was nun das Erstarken der rechtsextremen Kräfte anbelangt, fällt auf, dass die Nationalsozialisten namentlich nirgends im Roman erwähnt werden, obwohl sie 1929 in München präsent und aktiv waren. Im ersten Teil des Romans wird jedoch einmal die österreichische Heimwehr und Gewalt gegen Juden ins Gespräch gebracht und später kommt der italienische Faschismus in einer Unterhaltung zwischen Kobler und Schmitz zur Sprache. Bemerkenswert ist hier die Ansicht von Schmitz, Faschismus sei nichts anderes als „sacro egoismo“ (182). In Zusammenhang mit der Definition eines Spießers aus dem Vorwort, der dort als „hypochondrischer Egoist“ (129) gekennzeichnet wird, liegt die Vermutung nahe, Horváth habe die Gefahr, dass viele notleidende Kleingeister in ihrer Dummheit ihr Heil bei den Nazis suchen, durchaus gesehen, sich aber dafür entschieden, „nationalistische[n] Schlamm“ (229) nur selten einzusetzen wie zum Beispiel bei Rigmor, hinter deren eleganter Schale sich eine kleinkarierte Barbie verbirgt, die es augenscheinlich ebenso schick wie Designermode findet, ihren stumpfsinnigen Judenhass über die sinnlichen Lippen schlüpfen zu lassen.

Die aufgezeigten Problemfelder, die Horváth im „Ewigen Spießer" ins Visier nimmt, weisen ihn eindeutig als sozialkritischen Autor aus, der seine Sache ernst nimmt, gegen die Dummheit und Verlogenheit, die er in seinem Umfeld wahrnimmt, literarisch vorzugehen. Er präsentiert uns einen Reigen von Figuren, die von ihren eigenen Egoismen, Vorurteilen und begrenzten Perspektiven geleitet werden und von daher außerstande sind, über den Tellerrand zu schauen und nach Möglichkeit einen Beitrag zur Verbesserung der allgemeinen Notlage zu leisten. Erst am Ende zeigt sich ein Lichtblick, als Reithofer den Wert von Solidarität erkennt, über seinen eigenen Schatten springt und den ersten Schritt zum „selbstlosen Mistvieh" wagt.

(1.126 Wörter)

Nähert sich Alfons Kobler dem neuen Typ des Spießers an, von dem Horváth im Vorwort spricht?

„Der ewige Spießer" von Ödön von Horváth, veröffentlicht im Jahr 1930, ist ein zeitloser Roman mit teils ironischem und teils satirischem Unterton, der die Enge und Oberflächlichkeit der damaligen Mittelstandsgesellschaft aufs Korn nimmt. Darüber, was Horváth unter einem Spießer versteht, gibt das Vorwort Auskunft: „Der Spießer ist bekanntlich ein hypochondrischer Egoist, und so trachtet er danach, sich überall feige anzupassen und jede neue Formulierung der Idee zu verfälschen, indem er sie sich aneignet." (129) Damit dürfte der „alte Typ des Spießers" (ebd.) gemeint sein, von dem sich nach Horváths Beobachtungen ein neuer Typ abhebt, der sich jedoch noch nicht vollständig entfaltet hat.

Nun stellt sich die Frage, an welcher Figur sich der Wandel zum neuen Spießer am besten ablesen lässt. Hier bietet sich Alfons Kobler an. Er ist die Hauptfigur des ersten und mit Abstand größten Teils des Romans, was nahelegt, Horváth habe ihn als Beispiel für die Herausbildung eines neuen Typs des Spießers konzipiert. Um das zu beweisen, wird Alfons Kobler zunächst auf Charakterzüge hin analysiert, die für oder gegen den Spießer-Typus sprechen. Die im Vorwort genannten Aspekte solch einer Persönlichkeitsstruktur werden dabei nicht ausreichen, weshalb in der Untersuchung weitere Merkmale berücksichtigt werden, die man gewöhnlich dem Spießer zuschreibt. Anhand der Ergebnisse wird dann die Ausgangsfrage beantwortet.

Am Anfang des Romans wird uns Alfons Kobler als talentierter Autoverkäufer vorgestellt, der weiß, wie man Menschen um den Finger wickelt. Dabei schreckt er nicht einmal davor zurück, das ihm entgegengebrachte Vertrauen seiner Chefs zu missbrauchen. Um sich ein wenig Luxus zu gönnen, bestellt er Prostituierte ins Autohaus, die sich als finanzstarke Kaufinteressentinnen vor den Firmeninhabern aufspielen, damit er sich mit ihnen auf einer ausgedehnten Probefahrt amüsieren kann. Für diesen Spaß setzt er seinen Job aufs Spiel und verliert ihn nach kurzer Zeit.

Er ist ein ungeduldiger Mensch, der schnell nach oben will. Da es auf dem Arbeitsmarkt deprimierend aussieht, versucht er sein Glück mit unfeinen Methoden. Bei der Hofopernsängerin, die sich nach langer Witwenschaft nach einem Mann sehnt, kann er Kapital aus seinem guten Aussehen schlagen. Obwohl er nichts für die wesentlich ältere Dame empfindet, erschwindelt er sich ihre Freundschaft, die ihm Zugang in die besseren Kreise verschafft. Das Einzige, was er dabei manchmal fühlt, ist Ärger, sie für seinen gesellschaftlichen Aufstieg zu brauchen.

Nach seiner Entlassung als Autoverkäufer probiert er, auf eigene Faust mit Autos zu handeln. Damit scheint er dank der neuen Kontakte zu zahlungsfähigen Menschen irgendwie über die Runden zu kommen. Essen, trinken und baden kann er ja in der Villa der Hofopernsängerin, die ihm jederzeit offensteht. Als sie ihn bittet, ihr kaputtes Cabriolet zu verkaufen, zieht er nicht nur den Käufer skrupellos über den Tisch, sondern liefert von den 300 Reichsmark Anzahlung nur 50 bei seiner Gönnerin ab. Die bemerkt jedoch den Betrug und will in ihrer Wut nichts mehr mit dem Schurken zu tun haben. Doch verliebt wie sie ist, verzeiht sie ihm und bei einem Abendessen in romantischer Atmosphäre überlässt sie ihrem Darling stillschweigend die restlichen 600 Reichsmark, die Kobler für das Cabriolet bar auf die Hand bekommen hat. Das reicht ihm fürs Erste. Er bringt sie noch zur Villa, geht aber nie wieder mit hinauf, weil sie ihm plötzlich zu alt geworden ist.

Wie diese Beispiele veranschaulichen, ist Kobler ein rücksichtsloser Opportunist, der es versteht, Menschen zu manipulieren, um von der Dummheit der Leute zu profitieren, die ihm vertrauen. Ein schlechtes Gewissen hat er nicht. Im Gegenteil, er ist stolz auf die Erfolge seiner Betrügereien. Seine Risikobereitschaft und seine Methode, Menschen auszutricksen, womit er seinen Ruf gefährdet, widersprechen dem meist konformen Verhalten eines Spießers, der sehr auf seine Sicherheit achtet und sich lieber anpasst als unangenehm aufzufallen.

Auch wäre es zu kurz gegriffen, Kobler allein aufgrund seiner Charaktereigenschaften wie Egoismus, Selbstbezogenheit und materielle Orientierung zu einem Spießer zu deklarieren. Die Wirtschaftslage war zur damaligen Zeit sehr schlecht und die Arbeitslosigkeit entsprechend hoch. Unter solchen Bedingungen ist es verständlich, wenn Menschen zuerst an sich denken und ihr eigenes Wohl über das der anderen stellen. Wer den Roman nur zum Vergnügen liest, sieht in Kobler vermutlich eher einen jungen, dynamischen Mann, der im Gegensatz zu den Älteren weder lamentiert, den Krieg verloren zu haben, noch bei jeder Gelegenheit auf die schlimme Nachkriegszeit schimpft, sondern stattdessen die Augen offen hält, um keine Chance zu verpassen.

Im Vergleich zu Frau Perzl, die den alten Typ des Spießers laut Horváths Definition im Vorwort widerspiegelt, erscheint der Standpunkt des eine Generation jüngeren Koblers richtig fortschrittlich: „Es ist eigentlich alles möglich" (187). Er ist offen für neue Erfahrungen und bespricht mit ihr die Idee, seine 600 Reichsmark in eine Reise ins Ausland zu investieren. Ausgerechnet in diesem Gespräch entlarvt sich Kobler dann doch als Spießer. Als nämlich Frau Perzl von den Kunstschätzen Europas zu schwärmen beginnt, die er zu sehen bekäme, stellt er unerbittlich klar: „Also für die Kunst hab ich schon gar nichts übrig! Haltens mich denn für weltfremd? Dafür interessieren sich doch nur die Weiber von den reichen Juden" (146).

Hier zeigt sich nicht nur Koblers Borniertheit, gepaart mit der Einbildung geistiger Überlegenheit, sondern auch seine mentale Unempfänglichkeit für Kunst und Kultur, die oft als Wesensmerkmal eines Spießers betrachtet wird. Wenn Kobler in dem

Zusammenhang sagt, „[b]ei mir muß alles einen Sinn haben" (ebd.), verbindet er damit einen praktischen, für ihn greifbaren Nutzen, am besten in Form von Geld. Von einem höheren Sinn wie zum Beispiel Bildung zwecks Persönlichkeitsentwicklung hält er offenbar nichts. Im Fall seiner Reise zur Weltausstellung macht sein Handeln für ihn in erster Linie Sinn, weil er davon ausgeht, dort eine reiche Frau zum Heiraten kennen zu lernen.

Koblers Kunstbanausentum stellt für Rudolf Schmitz, der sich als Literat und Bohemien versteht und sich auf der langen Bahnfahrt nach Barcelona mit ihm unterhalten möchte, eine echte Herausforderung dar. Aber immerhin hat Schmitz einen Zuhörer für seine Reden und je nach Thema einen Gesprächspartner, denn Kobler möchte sich den Korrespondenten als hilfreichen Reisebegleiter warmhalten. Im Laufe der Zeit kommen sich die beiden über Schmitz' Lieblingsthema Paneuropa scheinbar näher, bis sich zeigt, dass Kobler leider kein Verstandesmensch ist, wie Schmitz kurz geglaubt hat, sondern zu der „große[n] Masse der Gefühlsmenschen" (224) zählt, „die den historischen Prozeß weder analysieren noch kapieren können, weil sie halt nicht denken können." (ebd.)

Oder zu kurz denken, weil sie von Ressentiments ausgebremst werden. Beispielsweise kann Kobler schon deshalb kein Pazifist sein, „da sein einziger Bruder auf dem Felde der Ehre gefallen" (186) ist. Das heißt, ihm kommt nicht in den Sinn, in Pazifismus die Lösung für die Zukunft zu sehen, damit niemand mehr den einzigen Bruder im Krieg verliert. Er kreist – typisch Spießer – um den eigenen Nabel bzw. den höchstpersönlich erlittenen Schmerz. So auch bei Rigmors Beichte, die seinen Plan abrupt zunichte macht. Nichts kränkt ihn bei der Aufklärung mehr, als von einem reichen Rivalen ausgestochen worden zu sein.

Gegen Ende des ersten Romanteils nimmt die Handlung eine amüsante Wende, indem gerade diese Schwäche, Gedanken- und Gefühlswelt nicht trennen zu können, bei Kobler zu einem politischen Sinneswandel führt. Er wird Paneuropäer – aus Überzeugung, die bezeichnenderweise auf dem Hirngespinst beruht, durch Rigmors Bräutigam persönlich die Machtinteressen der USA in Europa zu spüren bekommen zu haben. Die Floskeln, mit denen er sich nach diesem skurrilen Aha-Erlebnis wichtig macht, stehen unter dem Einfluss der Paneuropa-Idee. So lautet sein fachmännischer Kommentar, als er von Graf Blanquez erfährt, dass Anna neuerdings Geld dafür nimmt: „Das sind halt diese fürchterlichen Zeiten, Europa muß sich halt einigen, oder wir gehen noch alle zugrund!“ (258)

Das klingt ausgesprochen weitsichtig, doch im Kern wird Alfons Kobler wohl ewig ein Spießer bleiben, nun halt hinter der Maske eines Paneuropäers. Daran sind allerdings der Glaube an die Völkerverständigung sowie die Befürwortung der Verständigungspolitik gebunden, was als neue Perspektive in seinem geistigen Horizont gewertet werden kann. Somit kann die Ausgangsfrage, ob sich Alfons Kobler dem neuen Typ des Spießers annähert, bejaht werden.

(1.303 Wörter)

Quellenangaben

Leben und Werk von Ödön von Horváth:

https://www.projekt-gutenberg.org/autoren/namen/horvath.html – sowie diverse weiterführende Links

https://www.youtube.com/watch?v=HTryl0FSHXY

Kalenderblatt | 01. Juni 1938 - Todestag Ödön von Horvath. Sendung des WDR

https://www.youtube.com/watch?v=vhxWFzA1klU

Klassiker der Weltliteratur: Ödön von Horvath | BR-alpha

Historischer Hintergund: MrWissen2go Geschichte | Terra X

https://www.youtube.com/watch?v=D0CTE5mP1uo

Die Weimarer Verfassung | musstewissen Geschichte

https://www.youtube.com/watch?v=sVkEY87L-xI

Die Weimarer Republik I Das Krisenjahr 1923 I musstewissen Geschichte

https://www.youtube.com/watch?v=005q7qWvfGo&t=303s

Die Weimarer Republik | Die Goldenen Zwanziger | musstewissen Geschichte

Bei der Klärung einiger Details half die Online-Enzyklopädie Wikipedia.

Abrufdatum aller aufgeführten Links: 09.08.2023

Impressum

Hilke Bunjes (M. A.)
Mittelweg 108
26127 Oldenburg
DEUTSCHLAND

Printed in Poland
by Amazon Fulfillment
Poland Sp. z o.o., Wrocław

35030976R00067